Sai Baba

Botschaft der Liebe

Sai Baba

Botschaft der Liebe

Zusammengestellt von
Maruschi Magyarosy

SPHINX
Weisheit

Die Deutsche Bibliothek – CIP-Einheitsaufnahme
Sathya Sai Baba:
Botschaft der Liebe / Sai Baba. Zsgest. von Maruschi Magyarosy. – München : Hugendubel, 1996
(Sphinx Weisheit)
ISBN 3-89631-161-1

SPHINX Weisheit

1. Auflage im Heinrich Hugendubel Verlag 1996
Die erste Auflage erschien 1988 im Param Verlag, Clausthal-Zellerfeld.

Lektorat: Barbara Imgrund, München
Umschlaggestaltung: Zembsch' Werkstatt, München
Produktion: Tillmann Roeder, München
Satz: SatzTeam Berger, Ellenberg
Druck und Bindung: Huber, Dießen
Printed in Germany

ISBN 3-89631-161-1

Inhalt

Danksagung

Mein aufrichtiger Dank gilt Dina und Hermann. Daß dieses Buch entstehen konnte, verdanke ich ihrer Inspiration, ihren Hinweisen. Sie haben es mir ermöglicht, aus schwer zugänglichen Quellen Unterlagen zu erhalten, wichtige Fragmente daraus zu entnehmen, teilweise zu übersetzen und aufzuarbeiten, d. h., den einzelnen Themen der Kapitel zuzuordnen.

Als Informationsmaterial dienten: Original-Tonbandaufzeichnungen, auf denen Sri Sathya Sai Baba teils englisch teils in seiner Muttersprache Telugu spricht, von Devotees simultan ins Englische übersetzt, die ich in verständliches Deutsch zu fassen versuchte; Auszüge aus Ansprachen, Vorträgen, Interviews und Briefen, sowie aus persönlichen Berichten und Erzählungen seiner Anhänger.

Maruschi Magyarosy

Vorwort

Wer Sathya Sai Baba sehen will, begegnet der selbstlosen reinen Liebe. Ich kam, nahm wahr, erlebte, erfuhr und wurde geheilt. Ich sah Mühselige, Beladene, körperlich Kranke, seelisch Leidende, Menschen voll von Schmerzen, Pilger, Menschen aus vielen religiösen Traditionen, Suchende, Saddhus, Heilige – und ich sah Heilungen, Materialisationen, Wunder. Ich war bewegt, beglückt, und meine eigene Heilung von unheilbarer Krankheit hat mich tief ergriffen. Was mich getroffen und erschüttert und mich zu dem Menschen gemacht hat, der ich heute bin, das war Seine Liebe, die Er an alle Wesen in gleicher Weise verströmt. Seine Liebe hat mich nicht nur geheilt, sie hat mich auch gerettet.

Dina Rees

Erster Teil

Die Menschen
sind mit einer Vielzahl von charakteristischen Eigenschaften
und Geisteshaltungen behaftet, und deshalb richtet ein jeder gemäß seinem persönlichen Blickwinkel,
spricht und argumentiert im Lichte seiner persönlichen Eigenart.

Sri Sathya Sai Baba

Einleitung

Man hat mich gefragt, ob ich bereit sei, neutral über Sri Sathya Sai Baba zu schreiben.

Ich befragte mich selbst: Was ist neutral? Bin ich neutral? Bin ich eher subjektiv oder objektiv? Bedeutet Neutralität nicht Abstand? Bedeutet Abstand nicht Trennung? Bedeutet Abstand nicht, im Bereich der Dualität zu verweilen?

Und überhaupt, wie steht es mit meinem Unterscheidungsvermögen, mit der Integration zwischen Intellekt und Intuition, zwischen Verstand und Gefühl zwischen Kopf und Herz. Es ist meine Hand, die versucht, als Medium diese Begriffe und das Wissen, das dahinter verborgen ist, zu Papier zu bringen? Was aber ist wiederum mein?

Ich gestehe, daß ich alle diese Fragen offenlassen mußte. Der Leser möge sich sein eigenes Bild machen, seine eigene Meinung bilden. Vielleicht läßt er diese Frage auch offen, dahingestellt.

Übrigens, werden nicht der Leser und das Gelesene letztendlich wieder eins? Vielleicht aber kann er mir doch helfen bei der Frage: Was ist Neutralität? Was ist Dualität? Was ist Einheit? Welche Frage ist vom Kopf und welche vom Herzen zu beantworten?

Oder ist die Antwort die eigene innere Erfahrung, jenseits aller Symbole, aller Begriffe und aller Worte? Könnte der Mensch sich dann nicht Bücherschreiben und Bücherlesen sparen und wieder viel mehr Zeit für sich selbst haben?

In jenem Sommer sollte ich für eine esoterische Zeitschrift ein Interview mit Dina Rees führen. Gleich zu Beginn unseres Gespräches sagte sie mir, ich möge doch bitte jede Form von »Guru-Business« beiseite lassen und mich vielmehr darauf besinnen, meinen »inneren Guru« zu entdecken: »Also laß deine Jagd quer über den indischen Kontinent auf der Suche nach irgendwelchen Meistern! Du hast das Göttliche doch schon als formlos in dir selbst erfahren, wenn auch nur für den Bruchteil eines Augenblicks! Warum jagst du weiterhin dort draußen verschiedene Swamis, die sich ebenso wie du selbst auf dem Weg befinden?«

Sie duzte mich sofort, da sie mich wiedererkannte, wie sie mir sagte. Und ohne daß ich danach gefragt hätte, teilte sie mir in erschütterndster Weise zutreffende Details über mein Leben mit: aus der Gegenwart, aus der Vergangenheit und aus einer Vergangenheit, die noch viel weiter zurückliegt. Sie lud mich ein, die Nacht in ihrem Hause zu verbringen. Sie stellte mir ein rosa Zimmer zur Verfügung. Denn das sei meine Farbe, die Farbe der Hingabe, der spirituellen Liebe. Alles in diesem Raum war in zarten Rosé-Tönen gehalten: die Wände, das Bett, der Sessel, der Teppich, ja sogar die Handtücher am Waschbecken.

Ich bekam das Gefühl, auf einmal in eine völlig andere Sphäre getaucht zu sein. Das war nicht mehr ich, die sich da bewegte, und meine Kopfschmerzen von der langen Anfahrt waren beim Betreten dieses

Raumes wie weggeblasen. Es war, als befände ich mich plötzlich in einer anderen Welt. Über dem Bett entdeckte ich ein Bild von Sri Sathya Sai Baba, dem Avatar. Beim ersten Anblick schaltete sich sofort mein Verstand mit der Frage ein, wie es denn wohl möglich sei, daß diese Erscheinung Blinde wieder sehend macht, Schmuckstücke hervorzaubert, Siechende wieder aufrichtet usw.

Im Haus von Dina ertönt im Hintergrund abwechselnde Meditationsmusik mit Harfe, wie Sphärenklänge, das Halleluja der Sufis und Bhajans aus Indien. Und das Lied der Nachtigall, life in Indien aufgenommen, wird morgens beim Frühstück dem Kanarienvogel zum Einstimmen auf den kommenden Tag vorgespielt.

Vielleicht sollte ich aber jetzt endlich erwähnen, wer Dina Rees eigentlich ist. Dina oder Mamadina wird sie gerufen. Sie sieht sich als Dienerin, die durch Gottes Hilfe Leidgeplagte, vom Schicksal Geschlagene und Hoffnungslose tröstend wieder aufrichtet. Ihre private Person gäbe es nicht mehr, meinte sie höchst energisch und entschlossen. Ihr Leben war ein einziger innerer Studienweg. Einst selbst unheilbar an Leberkrebs erkrankt, sieht sie heute, ihre Aufgabe darin, verzweifelten Menschen zu helfen.

Nie zuvor begegnete ich einer Frau, die über ein so hohes Energie-Potential verfügt, in der ein solches Feuer von Liebe und Wissen lodert. Dazu meint Dina, daß in jedem von uns derartige Kräfte ruhen und daß jeder sie aktivieren könne, indem er seine eigene Illusion durchschaue, sein Ego erkenne und sich auf den Weg zu seiner inneren Wahrheit begebe. Und auf diesem Weg habe ihr der Avatar geholfen, jener Avatar, zu dem Jahr für Jahr Hunderttausende aus der ganzen Welt pilgern.

Dina kam mit einem als unheilbar diagnostiziertem Leberkarzinom zu ihm, auf einem Auge beinahe blind. Sie konnte nur noch wenig essen und trinken und sich vor Schmerzen kaum noch bewegen. Sathya Sai Baba nahm sich ihrer an. Sie erfuhr eine nie gekannte Liebe, wurde von einem unbeschreiblichen Glückseligkeitsgefühl überwältigt. Es war, als ob sie zu Hause angekommen sei. Und innerhalb von 24 Stunden waren sämtliche Symptome verschwunden. Die Ärzte konnten nach ihrer Rückkehr keine pathologischen Befunde mehr entdecken. Sie standen vor einem Rätsel.

Dina reiste jährlich ein- bis zweimal nach Südindien mit einer Gruppe, darunter auch Schwerkranke, die sich von Sai Baba Trost und Hilfe erhofften. Und vielen hat er schon geholfen. Ich fragte Dina, wer Sai Baba eigentlich wirklich sei. Sathya Sai Baba sei ein Avatar, eine Inkarnation Gottes, der dann, wenn Unfriede und Disharmonie die Welt bedrohen, in menschlicher Form auf der Erde erscheine, um die Menschen wieder zu ihrer wahren inneren Bestimmung zurückzuführen. Er ist nicht gekommen, um eine besondere Religion zu verbreiten. Sein Ziel ist es, dem einzelnen wieder die *Sprache der Liebe* zu vermitteln. Denn für ihn gibt es nur eine Sprache, die Sprache des Herzens, nur eine Religion, die Religion der Liebe. Dina meint, daß die Wahrheit in den Veden, den ältesten Schriften Indiens, im Alten und im Neuen Testament usw. bereits niedergelegt sei. Und es ist die Absicht des Avatars, diese Wahrheit und Liebe des Menschen wieder bewußt zu machen, die Menschen zur Liebe zurückzuführen und sie in Liebe zu vereinen. Sie sollen erkennen, daß in allen Geschöpfen der Erde derselbe göttliche Geist wirkt, der Ursache allen Seins ist, auch wenn er mit verschiedenen Namen angerufen wird. Und dieser eine Gott lebt in jedem seiner von ihm selbst geschaffenen Geschöpfe und wirkt durch sie.

Trotz dieser eigentlich so einfachen Wahrheit fragte zum Schluß wieder mein Verstand: »Wer ist Gott, und wer sind wir?« Beinahe ungeduldig entgegnete Dina: »Du befindest dich jetzt wieder auf der Ebene der Dualität. Deine Frage läßt sich mit dem Wunsche und der Sehnsucht einer Welle vergleichen, den Ozean begreifen und erfassen zu wollen. Die Welle ist doch selbst Bestandteil ihres Ozeans, ohne den sie gar nicht existieren kann. Sie entsteht durch ihn und löst sich wieder in ihm auf. Alles, was wir tun können und müssen, ist, den Ozean zu erfassen, zu begreifen. Das bedeutet – das Gefäß unseres Bewußtseins zu vergrößern, zu erweitern!«

Ein Jahr später reiste ich doch wieder nach Indien. Ich verbrachte erneut einige Monate mit einem mir sehr vertrauten traditionellen Sannyasin in den Himalayas, in Badrinath, am Ursprung des Ganges, sowie im Dschungelgebiet von Laxmanjhola bei Rishikesh, dem Ort der Weisen. Vieles von dem Wissen, welches er mir in den vergangenen Jahren vermittelt hat, entspricht denselben Worten, denselben authentischen Quellen von Tonbandaufzeichnungen, Vorträgen und Ansprachen, die ich später über den Avatar vermittelt bekommen habe. Und auf dieser Reise besuchte ich auch Südindien. Ich wollte Sri Sathya Sai Baba persönlich sehen.

Das Auge, das aus Materiellem geformt ist,
Kann mich nicht wahrnehmen,
Der Intellekt, der aus Maya, Illusion,
hervorgeht,
Kann mich nicht begreifen,
Ich bin nicht der, den ihr seht.

Sathya Sai Baba

Persönliche Eindrücke

Ich fuhr aufs Geratewohl von Pondicherry nach Bangalore, der Hauptstadt Karnatakas. Sathya Sai Baba bewegt sich zwischen den Ashrams – von Puttaparthi und dem College von Brindavan. Die Schar seiner Anhänger folgt ihm wie ein Kometenschweif von Brindavan nach Puttaparthi und wieder zurück. Brindavan ist bei Whitefield, 12 Kilometer von Bangalore entfernt und etwa 170 Kilometer von Puttaparthi. Es liegt 1000 Meter höher und ist dank einer kühlen Brise aus den Bergen mit erträglichen Temperaturen gesegnet. Puttaparthi dagegen liegt in einer Talmulde, deren Berge ringsum die glühende Sonne reflektieren. Die Temperaturen dort steigen auf 38 bis 45 Grad im Schatten, mit Ausnahmen gelegentlicher Regenfälle von Juni bis August und von Oktober bis Dezember. Daher verbringt der Avatar den Sommer größtenteils in Brindavan.

Prasanthi Nilayam ist der Geburtsort Sai Babas. Seitdem wurde aus dem kleinen Dorf Puttaparthi ein bekannter Pilgerort im Anantapur Distrikt in Andhra-Pradesh. Putta heißt Schlangenhügel. Parthi wurde so benannt, weil der Ort in der Vergangenheit mit Schlangenhügeln bedeckt war.

Das Dorf liegt an den Ufern des Chithrawati-Flusses. Sai Baba soll aus dem Sand dieses Flusses Bilder, Bücher, Juwelen, Muscheln, Süßigkeiten, Vibhuti, Gefäße mit Amrith, Teller mit Yantras und eine Vielzahl von Gegenständen von großer spiritueller Kraft geschaffen haben.

In Prasanthi Nilayam gibt es ein eigenes Krankenhaus, einen großen Buchladen mit Veröffentlichungen von Sathya Sai Baba Büchern und Magazinen. Dieser Ashram entwickelte sich im Laufe der Zeit beinahe zu einer kleinen Stadt – mit langen Appartementhausreihen, Rundhäusern, mit über dreißig großen Schlafhallen, Kantinen, Büroräumen, einem riesigen Auditorium und dem Prasanthi Mandir, dem Tempel im Zentrum, der ohne Übertreibung einem himmlischen Palast gleichen könnte. Täglich findet dort in der Morgendämmerung die Morgenmeditation statt.

Zu diesem Zeitpunkt ist über die gesamte Anlage das »Omkar« zu hören, eine kontinuierliche Wiederholung des Mantras AUM, gesungen von einer Gruppe junger Leute zur Begrüßung des Sonnenaufgangs.

Hinter dem Mandir steht der Vata-Vriksha, ein Banyan-Baum, von Sai Baba selbst gepflanzt, nachdem er vorher eine dicke Metallplatte mit mystischen

Zeichen materialisiert hatte und diese unter seine Wurzeln setzte, damit die Sadhakas (spirituelle Aspiranten) tiefer meditieren können. Das Poorna Chandra Auditorium kann viele Tausende von Menschen fassen. Dort findet häufig der »Darshan« des Avatars statt.

Der Tag beginn um 4.30 Uhr morgens mit Meditation, dem Singen von »Omkar« und »Nagasankirtan«. Anschließend versammeln sich die Anhänger im Mandir und warten auf Sai Babas Darshan und Interviews. Männer sitzen auf der rechten, Frauen auf der linken Seite und bilden einen Halbkreis. Der Darshan das Avatars ist von besonderer Art. Der Zeitpunkt ist nie genau vorherzusehen. Die Spannung steigt. Und wenn er dann endlich erscheint, geht er langsam durch die Reihen, bleibt bei einzelnen stehen, um mit ihnen zu sprechen oder zuzuhören. Er erhält Hunderte von Briefen. Zwischendurch materialisiert er »Vibhuti« (heilige Asche) oder andere Gegenstände wie Juwelen, Süßigkeiten, Obst und Münzen. Hin und wieder deutet er mit einer Handbewegung auf jemanden, bittet ihn zum Interview. Nicht jeder wird dazu eingeladen. Er scheint nach keinem System auszuwählen. Auf die Frage, nach welchem Prinzip er seine Auslese treffe, antwortete er, er könne im Herzen der Suchenden lesen und erkennen, wer am dringendsten seiner Hilfe bedürfe.

Nachmittags gibt es Ansprachen, Diskussionen, Vorträge aus den Schriften, der Bhagavad-Gita usw. Um fünf Uhr wird dieselbe Zeremonie vollzogen und anschließend wieder Bhajan gesungen. Ab neun Uhr sollen im Ashram alle Lichter gelöscht sein.

In der Sommerresidenz von Sai Baba in Brindavan gab es zu dieser Zeit noch keine Unterkunftsmöglichkeit. Manchmal kommt man in Whitefield, sonst aber im 12 Kilometer entfernten Bangalore unter. Das Klima dort ist bedeutend angenehmer und wird von Europäern wegen seiner kühleren und reineren Luft bevorzugt.

Vom Sri Aurobindo Ashram in Pondicherry kommend, erstand ich in Madras ein Flugticket nach Bangalore. Es sind nur 25 Minuten Flugzeit. Am Flughafen erkundigte ich mich, ob sich Sai Baba gegenwärtig in Whitefield aufhalte. Sofort wurde mir ein Taxi vermittelt, das mich unmittelbar zum Shilton-Hotel brachte. In der Empfangshalle hingen Großfotos und Poster vom Avatar. Denn auch der Hotelbesitzer ist ein Anhänger Sai Babas. Wohl deshalb machen hier auch viele Anhänger Station, bevor sie nach Puttaparthi weiterreisen. Ich hatte den rechten Ort zur rechten Zeit gewählt. Der Avatar war gerade für einige Tage in Whitefield. Am gleichen Nachmittag buchte ich zusammen mit vier anderen Besuchern ein Taxi nach Brindavan, und schon unterwegs bekam ich einiges über seine unglaublichen Wundertaten zu hören. Wohl wegen meiner eher kritischen denn gläubigen Zwischenfragen versicherten sie mir, daß alle ihre Schilderungen auf eigenen Erfahrungen und Beobachtungen beruhten. Dabei wirkten meine Mitfahrer durchaus realitätsbezogen und so gar nicht »abgehoben«.

In Whitefield angekommen, empfahl man mir, mich auf die Seite der Frauen zu setzen. Ich ließ mich ganz links außen in der letzten Reihe nieder. Das ermöglichte mir einen guten Gesamtüberblick. Alle möglichen Nationen waren vertreten: Inder von hell bis dunkel, Europäer, Amerikaner, Asiaten, Männer, Frauen und Kinder aller Altersklassen – arm und reich. Trotz der Menschenmasse herrschte Disziplin – kein Drängeln, kein Lärm, der sonst das indische Alltags- und mitunter auch das religiöse Leben bestimmt.

Die Frauen hatten ihre Schultern mit weißen Stolas zu bedecken und, wenn keine Saris, so doch wenigstens lange Röcke zu tragen. Männer hatten nichts auf der Frauenseite zu suchen und umgekehrt. Das Einhalten dieser Disziplin wurde von sogenannten »Volontärinnen« überwacht, die sich sehr ernst zu nehmen schienen. Der Gesamteindruck wirkte auf mich wie eine faszinierende Bühneninszenierung einer großartig angelegten Freilicht-Arena – rechts das Shiva-Prinzip, der männliche Aspekt, gekleidet ganz in traditionelle weiße Dhotis, links das Shakti-Prinzip, der weibliche Aspekt, die Vielfalt der Schöpfung, indische Frauen in buntschillernden Saris, dazwischen als »weiße Farbflecke« die Westlerinnen in Schal oder Stola gehüllt, ganz nach Vorschrift. Es erinnerte mich an die majestätische Ouvertüre einer ganz großen Oper, die sowohl in Verona, der Mailänder Skala oder Metropolitan in New York uraufgeführt werden könnte.

Nach drei Stunden Wartezeit auf hartem Steinboden spürte ich trotz regelmäßiger Yoga-Praxis sämtliche Sitzknochen. Die Augen brannten von der grellheißen Sonne und natürlich vom vielen Beobachten. Der Avatar aber war nicht gekommen. Heute sei kein Darshan, hieß es so ganz nebenbei. Alles schien mir auf einmal so unwirklich. Ich fühlte mich auf den Arm genommen, lächerlich gemacht. Was wollen die vielen Leute aus allen Nationen eigentlich hier? Wie kann ein Gott-Mensch, ein Avatar oder Mensch-Gott so viele Menschen, körperlich, seelisch und geistig Kranke, Menschen, die aus der ganzen Welt, zum Teil aus tiefster Verzweiflung und mit größter Hoffnung hierhergereist waren, bei ihm Hilfe zu finden, einfach so unendlich lange und noch dazu ganz umsonst warten lassen? Ich konnte meine Enttäuschung auf dem Rückweg ins Hotel nicht verbergen. In Brindavan erscheine Sai Baba immer regelmäßig, so hieß es. Und hier wie in Puttaparthi sei Geduld das oberste Gebot.

Zwischen den »Darshan-Wartezeiten« lernte ich einige seiner Anhänger näher kennen. Sie erzählten, daß Baba jeden Einzelnen, an dem er vorübergehe, kenne. Er spüre sofort die vielen Fragen des Publikums während seiner Reden. In seinen Ansprachen beantworte er daher Hunderte von Fragen gleichzeitig. In jedem seiner Vorträge, an denen oft mehrere tausend Menschen teilnehmen, entstehe ein ungeheuer starkes Gefühl der Vertrautheit und des Erkennens zwischen der Menge und ihm.

Die amerikanische Autorin Indra Devi weist in mehreren ihrer Bücher auf das tiefe, spirituelle Wissen Sai Babas hin und auf seine Fähigkeit, Menschen zu ihrem eigentlichen Ursprung zurückzuführen. In ihren Augen begegnet man in dem Avatar Jesus, Buddha oder Krishna. Immer wieder berichten Besucher des Ashrams, daß gerade ihre erste Begegnung mit dem Avatar sie nicht nur tief berührt, sondern auch auf einer inneren Ebene tief betroffen habe. Er könne Unwetter aufhalten, Naturkräfte beeinflussen und an mehreren Orten gleichzeitig erscheinen. Einmal habe er unmittelbar vor einem ungläubigen Beobachter einen Regenbogen entstehen lassen.

Seine auffälligsten Gnadenbeweise aber sind die Heilungen chronischer Krankheiten, die nach dem Urteil von Fachleuten jenseits aller Möglichkeiten medizinischer Wissenschaft liegen. »Stehe auf von deinem Bett und folge mir nach«, soll er oft zu Kranken in fernen Ländern in Visionen und Träumen gesagt haben. Und sie sind aufgestanden und gegangen.

Ich hörte vieles über das Leben der Anhänger des Avatars. Ich sprach mit Doktoren, Psychologen, Aussteigern, Psychotherapeuten, Hausfrauen, Schauspielern, Geschäftsleuten, Pensionären, spirituellen Abenteurern jeden Alters aus aller Herren Länder. Die vielen Probleme und Krankheiten, von denen ich dort zu hören bekam, würden ein eigenes Buch füllen. Diese Menschen wirkten auf mich trotz ihrer Leiden interessant und sympathisch, die meisten durchaus realistisch. Lediglich einige Europäer fielen aus dem Rahmen, weil sie in der Verkleidung bettelnder Wandermönche besonders rasch »erleuchtet« zu werden glaubten. Sie sind überall in Indien anzutreffen und ringen dem normalen Inder meist nur ein müdes Lächeln ab. Aber jeder hat seinen eigenen Weg!

Da war Betty aus Südamerika. Die Erscheinung dieser Frau war so schön, so klar, so glücklich, daß es mir jedes Mal Freude bereitete, sie zu treffen. Sie war zu Sai Baba gekommen, nachdem ihr einziger Sohn im Alter von 21 Jahren an Krebs gestorben war. Baba gab ihr ein Amulett, das er vor ihren Augen materialisiert hatte. Es zeigte auf der einen Seite ein Bild von ihm selbst, auf der anderen Seite das Bild ihres verstorbenen Sohnes. Die überzeugende Selbstverständlichkeit, mit der sie mir ihre Geschichte erzählte, brachte all meine Zweifel ins Wanken.

Viele Leidensfälle und deren Heilungen, von denen mir berichtet wurde, hatten ihren Grund in Krebs oder in schweren psychischen Erkrankungen. Eines aber war ihnen allen gemeinsam: der tiefe Glaube an den Avatar und die Hoffnung auf baldige Genesung. Da war Birte aus Dänemark mit ihrem 15jährigen geistig zurückgebliebenen Sohn. Er war abgemagert bis aufs Skelett, die Oberarme dünn wie zwei Stöcke, auf der Nase eine dicke Hornbrille. Und dennoch zeigte das Gesicht dieses leidgeprüften Jungen ständig ein glückliches und zufriedenes Lächeln. Der Avatar hatte auch ihm ein goldendes Medaillon materialisiert, das er von da ab immer stolz um den Hals trug. Da war Keith, ein hochgewachsener Engländer. Die Ursache seiner plötzlichen Erkrankung war allen Ärzten, die er konsultiert hatte, ein Rätsel. Jahrelang schon war er auf der Suche nach sich selbst, hatte alle möglichen Bücher verschlungen und hitzige intellektuelle Diskussionen geführt. Eines Tages konnte er auf dem linken Auge nichts mehr sehen, und auch die Sehkraft des rechten Auges nahm rapide ab. Keiner der Spezialisten, die er bislang aufgesucht hatte, vermochte die Ursache seiner Sehschwäche herauszufinden, geschweige denn ihm in seiner Not helfen. Da traf ihn wie ein Blitz die Einsicht in sein eigenes Sein: Durch die Trübung seiner Sicht nach außen war er nunmehr gezwungen, seinen Blick nach innen zu richten. Nur so konnte er Herz und Intellekt gleichzeitig weiterentwickeln und seine Krankheit als Geschenk begreifen. Einen ganzen Tag lang sprach ich mit ihm und hörte weitere, fast unglaublich klingende Geschichten. Und genug hatte ich dann, als er mir eröffnete, auch ich sei ein Geschenk Sai Babas an ihn. Gottseidank konnte ich ihn schließlich davon überzeugen, daß ich die Nacht doch lieber allein in meinem Hotel verbringen wollte. Aber auch dann war er wieder voller Dankbarkeit und Respekt.

Die natürliche Offenheit und Zugänglichkeit der Anhänger Sai Babas ist mir ganz besonders aufgefallen. Sie ließen die oft so wichtige Geheimbündelei und Geheimniskrämerei mancher religiöser und spiritueller Gruppen vermissen, die ich bislang besucht hatte. Man sprach klar, realistisch und nüchtern, ohne jegliche Gefühlsduselei. Was und wie ich es in meiner Realität erlebte, blieb mir selbst überlassen.

Die Begegnung mit Jack berührte mich ganz besonders. Er sei früher ein harter, unzugänglicher und oberflächlicher Bursche gewesen, und hatte in Amerika in der Showbranche gearbeitet. Jetzt dagegen wirkte er weich und durchgeistigt, und dennoch strahlte er eine gewisse Kraft und Stärke aus. Er war dazu erzogen worden, daß ein Mann nicht weint und niemals Emotionen zeigt. Und tatsächlich hatte er in seinem Leben bisher noch keine einzige Träne vergossen. Die Tränenkanäle waren ausgetrocknet und hatten aufgehört zu funktionieren. Die Verdrängung seiner Gefühle äußerte sich in einer ausgeprägten Freßsucht, was dazu führte, daß er binnen kurzem an Übergewicht, Bluthochdruck und schlimmen Depressionen litt. Nachdem ihm ein Freund eine Fotografie Sai Babas gezeigt hatte, war er davon tief betroffen und beschloß, diesen Mann selbst aufzusuchen. Bei der ersten persönlichen Begegnung mit dem Avatar hatte er dann einen spontanen und heftigen Gefühlsausbruch, und seine Tränen flossen in Strömen. In den folgenden Wochen verlor Jack fünfzehn Pfund, und auch seine psychische Verfassung besserte sich von Tag zu Tag. Er zeigte mir einen Rubinring, den Sai Baba aus seinem offenen Handteller heraus materialisiert hatte. Jack trug seine Geschichte so nüchtern, so realistisch und ohne jeglichen emotionalen Überschwang vor, daß ich ihm einfach glauben mußte. Er versicherte mir, daß auch ihn nicht zuletzt die verschiedenen Materialisationen, die er hier gesehen hatte, überzeugt und in seinem Glauben an den Avatar bestärkt hatten. Dank seines früheren Berufs im Showgeschäft konnte er sehr wohl billige Taschenspielertricks von echten Wundern unterscheiden. In seiner Anwesenheit fühlte ich mich äußerst geborgen und behaglich und lauschte jeden Abend während unseres gemeinsamen Abendessens fasziniert seinen spannenden Berichten:

»Sai Baba erklärt, in der Welt der Phänomene sind das Metall, der Edelstein, der Goldschmied und der, der den Ring trägt, von mir getrennt. Aber diese vier sollten zusammengebracht werden. In der Welt des Avatars dagegen sind das Metall, der Edelstein, der Goldschmied und der, der den Ring empfängt, eins, und das Eine ist Gott. In der Welt ist Zeit notwendig, Gott aber ist jenseits von Zeit. Der Ring ist sofort fertig!«

Armbanduhren sollen aus bestehenden Verträgen stammen. Es gibt keine unsichtbaren Wesen, die Dinge herbeizaubern. Sein göttlicher Wille führe das aus. Seine Schöpfungen gehören der unbegrenzten Macht Gottes an und seien in keiner Weise das Ergebnis von Yoga-Kräften wie bei Yogis oder von Magie wie bei Magiern. Die schöpferische Kraft ist nicht ersonnen oder entwickelt, sondern sie ist völlig natürlich.

Einmal lag Sai Baba in Goa wegen durchbrochenen Blinddarms im Sterben. Die Ärzte gaben ihm höchstens noch 10 Minuten. Das Radio berichtete bereits vom sterbenden Avatar. In einer Konferenz diskutierten 25 Ärzte, die der Gouverneur zur Konsultation zusammengerufen hatte. Plötzlich erklärte der Avatar, daß er am Nachmittag einen Vortrag halten werde und daß er lediglich die Krankheit eines seiner Anhänger »übernommen« hätte. Indiens prominentester Arzt meinte damals: »Das mag sein, aber ich sage, daß Sie am Sterben sind!« Nachmittags um 15 Uhr stand Sai Baba auf, materialisierte 25 Ringe auf einmal, für jeden Doktor einen, und begab sich zu seinem Vortrag. Der Chefarzt meinte, die Diskussion sei sinnlos, Sri Sathya Sai Baba sei göttlich.

Allmählich hörte ich auf, nach Glaub- und Unglaubwürdigkeit zu forschen. Es wurde mir bewußt, daß für die Devotees jeweils das der Wahrheit entsprach, was sie fest glaubten. Glauben – war ihr Prinzip. Ich hatte damals den Eindruck, daß nicht das, was der Avatar vermittelte, das Wichtigste war, sondern der starke Glaube an ihn, der nach persönlichen Erfahrungen mit und durch ihn entsprechende Resultate hervorbrachte.

In Sechserkolonnen, jeweils fünf in einem Taxi zusammengedrängt, ging es am frühen Morgen los – Bangalore, Shilton Hotel – Brindavan, Whitefield. Mit Ausnahme einiger Variationen dasselbe Bühnenbild: Alte ausgezehrte Bäuerinnen saßen neben elegant gekleideten Frauen aus obersten sozialen Schichten. Originelle Amerikanerinnen älterer Bauart in buntgemusterten Flatterkleidchen, weiße Stola natürlich nicht vergessen, duftende Jasminblütenkränzchen im Haar, bühnenreif geschmückt, künstlerisch hochwertige Masken, liefen mitunter aufgescheucht hektisch durch die Reihen. Sie suchten verzweifelt einen günstigen Platz.

Ganz links außen saß heute eine Gruppe kahlgeschorener Frauen, orange gekleidet, Mala mit den 108 Perlen um den Hals. Einige Europäerinnen waren im bewußt indischen Outfit erschienen – Sari, blütenumgarnter Knoten im blonden Schopf, roter Punkt auf der Stirn, roter Strich im Mittelscheitel, ein Zeichen ihrer Verehelichung. Offensichtlich hatten sie etwas Schwierigkeiten, ihre Bewegungen dem weichen, elegant fließenden Stoff ihres Saris anzupassen. Ganz hinten lief eine sommersprossige, etwa 80jährige aschblonde Schönheit ziellos hin und her. Vergeblich versuchte sie, mit einigen Inderinnen ein Gespräch anzuknüpfen. In der Hand hielt sie eine rosa Lotusblüte, die allerdings nach den ersten zwei Stunden Wartezeit ihren Kopf ebenso hängen ließ, wie ihre Noch-Besitzerin. Diesmal waren etwa doppelt so viele Frauen wie Männer erschienen. Noch weiter links außen gab es eine Stuhlreihe für die Schwerstkranken. Einige der Anwesenden aus den »Shiva-Reihen«, sowie auch von der »Shakti-Seite« zeigten einen völlig geistesabwesenden Gesichtsausdruck. Plötzlich ging eine Raunen durch die Reihen. Ganz hinten, durch ein Spalier von zwölf weißgekleideten Männern, die sich mit gefalteten Händen verbeugten, schritt bedächtig und langsam eine kleine Figur, schlank, etwa ein Meter sechzig groß, in wallender orangenfarbener »Chola«, dem traditionellen Gewand hinduistischer Sannyasins. Als erstes fiel mir sein großer Kopf auf, umrahmt von einem Berg schwarzer, dicht gelockter Haare. Das mußte der Gottmensch wohl sein. Blitzschnell wollte ich einige Aufnahmen von jener Ouvertüre schießen. Doch im selben Augenblick klemmte der sonst immer funktionierende Qualitäts-Apparat. Etwa ein Mini-Wunder, eines der Spiele des Avatars, um nicht auf das Foto geholt zu werden?

Das erinnerte mich unwillkürlich an Erzählungen, denen zufolge er bei manchen Journalisten, die ihn aufwendigst zu fotografieren oder zu filmen versucht hatten, einfach mit seinem Willen den Film löschte. Jetzt fing ich auch schon an! Kurz darauf funktionierte die Kamera wieder. Die aufgenommenen Bilder erschienen nie auf den Abzügen.

Einige Leute fielen reihenweise vor der sich anmutig, mit der Geschmeidigkeit einer Katze, bewegenden Gestalt auf die Knie. Der Avatar schritt langsam, bedächtig, elegant durch die Reihen. Mit den Händen machte er gelegentlich kreisförmige Bewegungen, Handflächen manchmal nach oben, manchmal nach unten. Aus der Entfernung sah ich daraus goldende, silberne und bunte Gegenstände aufblitzen, die er verteilte; dann wieder Vibhuti, heilige Asche, jene Substanz, die über spirituelle und heilende Eigenschaften verfügen soll, für den Hindu ähnlich dem, was das Weihwasser für Katholiken ist. Sein Gesicht spiegelte sanftes Mitgefühl, Wärme, Liebe, strahlende feurige Augen. Dazwischen hatte er wieder einen beinahe ungewöhnlichen, abwesenden, nach innen gewandten Blick. Die Augen schienen weit entfernt umherzustreifen, ein Ausdruck, als befände er sich möglicherweise sowohl in dieser als auch in einer anderen Welt. Einige streckten ihre Hände nach ihm aus, um seine Lotusfüße zu berühren, riefen nach ihm oder begannen, laut zu schluchzen. Mit sanften Bewegungen trat er zurück, bedeutete ihnen, es nicht zu tun. Andere küßten Figuren, Amulette oder Fotos von ihm, die sie bei sich trugen. Die bittenden, verzweifelt suchenden Augen der Devotees, ihre nach Berührung lechzenden ausgestreckten Arme und Hände drückten tiefste menschliche Sehnsucht aus, innerste Not und Einsamkeit.

Der Avatar nahm Hunderte von Briefen in Empfang, streichelte den ihm entgegengehaltenen Säuglingen und Kindern über den Kopf, lächelte, sprach mit einigen. Er hatte eine jugendliche und doch feste Stimme. Trozt meiner Absicht, nüchtern und neutral zu bleiben, war ich von diesem Geschehen zutiefst berührt. Meine Kehle war wie zugeschnürt. Schüttelfrost überkam mich. Kurze Erinnerungsfetzen schossen mit blitzartig durch den Kopf. Empfindungen wurden wieder wach – Lourdes, Vatikan-Papst-Audienz, Siegerehrung während der Münchner Olympiade 1972 – Situationen, die ich persönlich miterlebt hatte und die bei mir ähnliche Reaktionen aulösten. Eine innere Stimme meldete sich: »Wenn so viele verschiedene Menschen aus so vielen Teilen der Welt für ein und dieselbe Idee zusammenkommen, muß die entsprechende Wirkung ungeheuer groß sein. Das Äußere ist wie ein Spiel, die Darsteller sind wie Marionetten, die alle von derselben Kraft bewegt werden, jeder seiner Rolle gemäß. Sie drükken sich in verschiedenen Formen aus, kommen aber in diesen verschiedenen Formen, Hunderttausende, Millionen von Formen, für ein und dieselbe Kraft wieder zusammen, um sich innerhalb, außerhalb und durch ihre Formen wieder zu begegnen. Und so eine Begegnung, so ein Zusammentreffen muß doch seine Wirkung haben!«

Diese Erkenntnis erschütterte mich sehr. Zutiefst bewegt und aufgewühlt fuhren wir zurück ins Shilton-Hotel. Im Taxi wurde kein Wort gesprochen.

Selbst der sonst so gesprächige Cavin aus London, der zwei Tage vor der Hochzeit davongelaufen war und sich hier im Schnellverfahren von seinen Lebensängsten und schweren Depressionen zu befreien gedachte, kurzum sein Seelenheil erhoffte, war jetzt völlig verstummt.

Das Göttliche
muß in menschlicher Gestalt kommen
und unter die Menschen gehen,
damit sie ihm zuhören, es berühren, lieben
und verehren können.
Es muß die Sprache der Menschen sprechen
und sich verhalten wie sie, wie einer ihrer
Gattung.
Wäre es nicht so, würden sie es
entweder gar nicht beachten oder verleugnen
oder sich
vor ihm fürchten und es meiden.

Sri Sathya Sai Baba

Leben im Ashram

Die Zahl seiner Anhänger geht inzwischen in die Millionen. Es sind nicht nur Inder, die in Massen nach Puttaparthi und Brindavan strömen oder in ihren Heimen vor einem Photo Sathya Sai Babas sitzen. In über 60 Ländern entstanden bereits sogenannte »Sai-Zentren«. In Indien selbst existieren gegenwärtig über dreitausend Sai-Zentren und viele weitere in der ganzen Welt, davon allein dreißig in den Vereinigten Staaten von Amerika.

In Puttaparthi ist das Sprachengemisch äußerst vielfältig. Sai Baba selbst hält Sommerkurse in Brindavan ab. Hier werden einige der besten Schüler und Studenten aus ganz Indien in den Grundaussagen der Veden, der uralten Weisheit Indiens, unterrichtet. Hauptaufgabe der Sai-Zentren ist die Errichtung von Schulen und Universitäten, in denen besonderer Wert darauf gelegt wird, traditionelles, spirituelles Wissensgut in Verbindung mit akademischer Ausbildung anzubieten. Die Studenten sollen nicht nur die von ihnen selbst gewählte Berufsausbildung erfahren, sondern parallel in den Geisteswissenschaften, die in ihrer alten Sanskrit-Kultur enthalten sind, unterwiesen werden. Hierzu gehört es, daß das Wissen aus den Veden, Upanishaden, der Bhagavad-Gita, den Brahma-Sutras und Puranas vermittelt wird. Yoga-Philosophie und Praxis soll gelehrt werden. Der Student soll dadurch Lebenssinn und Lebensform verstehen lernen und später unmittelbar in die Praxis umsetzen können.

»Weltliches Wissen gibt uns Schutz und Nahrung in diesem Leben, wohingegen das Wissen um das Absolute – Brahman – die Verwirklichung der absoluten Wahrheit bringen wird. Alles in dieser Welt kommt aus dem Göttlichen. Ohne weltliches Wissen könnt ihr das Wissen um das Ewige schwer erreichen. Valmiki und Vyasa waren ebenso große Lehrer auf dem Gebiet weltlicher Erziehung. Die alten Weisen Indiens waren in weltlichen Kenntnissen äußerst bewandert. Wie sonst hätten sie die Puranas schreiben können. Wissenschaft ist außen, Weisheit ist innen!«

Dabei fällt auf, daß es mehr Ausbildungsstätten für Frauen als für Männer gibt. Sathya Sai Baba erklärt das dadurch, daß die Mutter der erste Guru im Leben eines Kindes sei und dadurch großen Einfluß auf dessen weitere Entwicklung ausübe. Sie ist daher die Grundlage und die Ursache von Glück oder Unglück einer Nation. Das Bewußtsein der Mütter sei ausschlaggebend für die Entwicklung einer Nation.

Die Spitzen der indischen Politik und Wirtschaft, selbst Ministerpräsident Rajiv Ghandi, bekannte Künstler wie Ravi Shankar, Wissenschaftler, der höchste Richter des Landes persönlich – sie alle sprechen bei ihm vor und hören auf seinen Rat. Ganze Scharen von Kranken, Siechenden, aber auch von gesunden Anhängern folgen ihm stets von einem Ashram zum anderen, um seinem täglichen Darshan beizuwohnen. Die Liste derer, die sich um Sai Baba bewegen, enthält recht bekannte Namen aus allen Gesellschaftsbereichen, Kulturen, Religionen und Nationen der ganzen Welt.

In seinen beiden Ashrams hört man ein Sprachengemisch von Asiaten, Afrikanern, Amerikanern, Europäern und Australiern. Moslems, Christen, Parsen, Buddhisten, Hindus und Glaubenszugehörige anderer Richtungen leben friedlich nebeneinander. Man betritt hier eine Welt, in der Menschen aller Glaubensrichtungen, aller Lebensanschauungen und aller sozialer Schichten gemeinsam grundlegende innere und äußere Veränderungen erfahren. Die Vielzahl und Verschiedenheit der Menschen, die vom Avatar angezogen werden, sind ebenso bemerkenswert wie die Geschichten, die sie zu erzählen haben.

Sri Sathya Sai Baba wurde am 23. November 1926 in Puttaparthi als »Sathyanarayana« (Sathya = Wahrheit, Narayana = Gott im Menschen) geboren. Seine Mutter hieß Easwarama, was soviel wie »Mutter des manifestierten Gottes« bedeutet. Bereits während seiner Geburt sollen eigenartige Phänomene aufgetreten sein. Sämtliche Musikinstrumente im Haus begannen selbständig zu spielen. Unter seinem Bett fand man eine Kobra, ein heiliges Symbol aus der Hindu-Mythologie.

Von seiner Geburt an wußte er bereits um seine Göttlichkeit. Mit acht Jahren sammelte er eine Gruppe Gleichaltriger um sich und lehrte sie »Bhajans« – religiöse Lieder – singen, die er selbst komponiert hatte. Er bildete eine Gesangs- und Theatergruppe. Zum einen wurden Bhajans gesungen und Stücke geprobt, zum anderen aber auch Satiren auf die Schwächen der Gesellschaft aufgeführt. »Tust du auch, was du sagst?« lautete beispielsweise der Titel eines seiner Theaterstücke. Im gleichen Alter soll er erstaunliche Wunderkräfte bewiesen haben, wie Zukunftsprognosen stellen, Materialisationen aus dem Nichts. Dann verteilte er wieder ganz freigiebig Süßigkeiten und Früchte aus leeren Taschen an seine Freunde, oder aber er materialisierte Utensilien, die diese gerade in der Schule benötigten.

Er war ein frühreifes Kind, das von seinen Kameraden im Dorf als »Guru« verehrt wurde. Und er wußte viel mehr als seine Lehrer in der Schule, wo er als Brahma Jnani, als einer, der die Wirklichkeit (Brahman) erkannt hat, bezeichnet wurde. Manchmal, so erzählen sich noch heute manche seiner Anhänger, ging er mit ihnen auf den Berg am Ufer des Chitravathi-Flußes bei Puttaparthi zu dem Tamarinden-Baum, der noch immer dort steht, um für jeden gerade die Früchte zu pflücken, die er sich wünschte. Keiner wollte natürlich eine Tamarinden-Frucht. So reicht er ihnen von denselben Zweigen Äpfel, Mangos, Feigen und Bananen.

Seine Familie befürchtete, daß jene übersinnliche Fähigkeit das Resultat einer Besessenheit war, und sie behandelten den kleinen Sathyanarayan entsprechend. So mußte er unter den Händen der Dorfärzte ungeheuerliche Torturen ertragen, als er zum ersten Mal zuließ, daß sich seine göttlichen Kräfte in größerem Umfang manifestierten. Das war im Alter von ungefähr zehn Jahren. Sie bohrten Löcher in seinen Kopf und steckten glühende Eisen hinein. Sie schnitten die Haut auf und gossen ätztende Flüssigkeiten in die Wunde. Sie bedeckten ihn in einem Graben bis zum Hals mit Sand und Eisenstangen, um jede Bewegung zu verhindern. Aber er bewegte sich und war frei trotz der Eisenstangen. Und während all dieser Torturen lächelte er und fühlte keinerlei Schmerzen, denn wie er erklärt, identifiziere er sich niemals mit seinem Körper.

Er erzählt, daß er zwei Hemden und zwei Hosen hatte, die das ganze Jahr lang halten mußten. Für Nadeln war kein Geld vorhanden und Dornen wurden benutzt, um zerrissene Stücke zusammenzuhalten. Die Risse in den Kleidern rührten von Klassenkameraden her, die Sathya dafür bestraften, daß er immer alle Antworten in der Schule wußte. Antwortete er, verprügelten ihn seine Kameraden, antwortete er nicht, schlug ihn der Lehrer. Und obgleich er nicht einmal eine Nadel für sich selbst hatte, materialisierte er Bleistifte, Federhalter, Notizpapier und alles, was seine Freunde brauchten. Im Laufe der Zeit führte das zu einer gewissen Angst im Dorf. Denn wie sollte der Obrigkeit erklärt werden, woher all diese Dinge kamen?

Im Alter von elf Jahren mußte er dann für ein paar Jahre versteckt gehalten werden. Das war zur Zeit der Unabhängigkeitskämpfe in Indien. 1940, als er 14 Jahre alt war, kam der große Wendepunkt: Als er in der fünften Klasse der höheren Schule war, warf er seine Bücher beiseite und hat seither keinerlei Studien mehr betrieben. Er erklärte, daß er nicht mehr zu seiner Familie gehöre. Seine Anhänger (deren Zahl ständig zunahm) riefen ihn und er wollte ihnen sein weiteres Leben widmen.

Mehr und mehr wurde er bekannt durch seine Wunder, durch seine übersinnlichen Fähigkeiten, z. B. seine Gegenwart an mehreren Orten gleichzeitig, seine Materialisationen verschiedenster Objekte, Hilfe bei unheilbar Kranken und vieles mehr. Als sein Vater ihn bald darauf fragte, wer er denn eigentlich sei, meinte er, er sei der wiedergeborene Sai Baba von Shirdi, der große Heilige, der in Shirdi in Mittelindien gelebt hatte und 1918 dort seinen Körper verlassen habe. Auch dort sei er bekannt gewesen wegen seiner großartigen Wundertaten.

Immer mehr Leute strömten nun zu Sathya Sai Baba, denn es sprach sich herum, daß er alles könne. Berichten über seine Wunder zufolge soll das nicht übertrieben sein. So gut wie alles, was über Jesus berichtet wird, ja sogar noch mehr, erzählt man sich über Sai Baba. Bereits in über 30 Büchern wird der Avatar beschrieben.

Es sei derselbe Gott in Menschengestalt, der bereits vor 5000 Jahren – in der Gestalt Krishnas – auf Erden wandelte. Er wohne im Herzen aller Wesen. »Ich bin nicht gekommen, um irgendeine Religion zu verbreiten, sondern um das Licht der Liebe in euren Herzen anzuzünden und dafür zu sorgen, daß dieses Licht von Tag zu Tag heller erstrahlt. Denn es gibt nur eine Religion: die Religion der Liebe. Es gibt nur eine Kaste: die Kaste der Menschheit. Es gibt nur eine Sprache: die Sprache des Herzens.

Es gibt nur einen Gott, und er ist allgegenwärtig. Alle Glaubensrichtungen verehren nur einen Gott, den Einen. Alle Namen Gottes in allen Sprachen und alle Formen Gottes, die der Mensch geschaffen hat, meinen nur einen Gott, den Einen. Respektiert den Unterschied zwischen den Religionen und lernt erkennen, daß jede Religion ihre Gültigkeit hat, sofern sie die Flamme der Einheit nicht auslöscht. Denn alle Religionen lehren die gleichen Werte – das Prinzip der Bruderschaft der Menschen und der Vaterschaft Gottes sowie die Liebe zu allen Geschöpfen.«

So fordert er niemanden auf, den Gott, den jemand bereits anbete, in Sai Baba umzuändern. Denn er sei alle Namen, alle Formen und er würde reagieren, egal bei welchem Namen Gott gerufen wird. Denn alle Religionen führen zu dem einen Gott, und dieser eine Gott lebt in jedem seiner Geschöpfe.

Seine Aufgabe sei es, die Menschen zur Liebe hinzuführen, in Liebe zu vereinen.

Sathya Sai Baba teilt seine Lebenszeit in verschiedene Abschnitte ein. Bis zum Alter von 32 Jahren habe er hauptsächlich Wunder vollbracht, die vielen Menschen geholfen und Freude bereitet haben. Danach sei seine Hauptaufgabe, den Weg zum Ziel, zur Wahrheit zu begleiten: Sathya (Wahrheit), Dharma (Rechtschaffenheit), Shanti (Friede), Prema (Liebe) sind dabei seine Grundprinzipien. Neben der Aufgabe, das uralte Wissen der Veden zu lehren, zu beschützen und zu erhalten, liegt ihm vor allem die Erziehung der Kinder und Jugendlichen am Herzen, sowie die Gesundheit in körperlicher, geistiger und sozialer Hinsicht und nicht zuletzt die ländliche Entwicklung Indiens. Die Regierungen verschiedener Bundesstaaten haben die tiefe Bedeutung seiner Ideen erkannt und in den Lehrplan ihrer Grundschulen aufgenommen. Getreu seinem Ausspruch »Hände, die helfen, sind heiliger als Lippen, die beten«, wurden in etwa 6000 Dörfern bereits wichtige Hilfszentren im sozialen, medizinischen und infrastrukturellen Bereich errichtet.

Das Jahr 1985, in dem Sathya Sai Baba seinen 60. Geburtstag feierte, war wiederum ein entscheidender Wendepunkt. Bis zum Alter von 96 Jahren werde er seinen Körper behalten, erklärt er. So bleibe uns also noch etwas Zeit, ihn zu beobachten und seine Lehren zu studieren. Denn kein Avatar sei für die Öffentlichkeit so leicht zugänglich gewesen und nie zuvor habe ein Avatar seine Identität so deutlich zu erkennen gegeben.

Die Tore zu seinem Ashram Prasanthi Nilayam (Ort des höchsten Friedens) stehen allen offen. Selbst an gewöhnlichen Tagen finden sich dort regelmäßig mehrere tausend Menschen ein. Der Avatar selbst lebt in einem spärlich möblierten Raum im Tempel von Prasanthi Nilayam. Er ißt wenig: Reis, Quark, Linsen und Dahl (ein aus verschiedenen Bohnen bestehendes Protein). Gekleidet ist er in einfache seidene oder baumwollene Gewänder. An seine Verehrer, die ihm oftmals Geschenke oder Geld anbieten, richtet er oft die Bitte, mit diesen Geschenken oder diesem Geld in ihrer eigenen Gemeinschaft zu helfen.

Niemand kennt seine Pläne, seine Reiserouten. Häufig narrt er seine Verfolger, wenn sie glauben, seine Pläne herausbekommen zu haben. Außerhalb Indiens war er bisher nur in Afrika. Das war 1968. Amerikanische Anhänger drängen ihn seit Jahren, auch einmal in die USA zu reisen. Seine Antwort darauf lautet jedesmal, daß er sicher dann kommen werde, wenn sie dafür bereit wären. Einem Amerikaner klopfte er dabei auf die Brust, dort wo sein Herz ist. Er sagt, daß er im Herzen eines jeden von uns wohnt und daß wir, wenn wir dort nach ihm schauen, ihn dort auch finden werden. Ein Ort der Begegnung sei dort genausogut denkbar, wie in Puttaparthi in Indien, in Amerika oder irgendwo sonst.

Es liegt aber auch nahe, daß er die Weisheit der Veden zunächst im eigenen Ursprungsland, an der Quelle ihrer Geburt, wieder zum Blühen bringen will. Und es wäre verständlich, wenn er zunächst jedem einzelnen Inder sein in ihm ruhendes spirituelles Erbgut an Ort und Stelle wieder wachruft, um von dort aus jenes Universalwissen weiter zu verströmen.

Zweiter Teil

Wann immer
Unfriede oder Disharmonie
die Welt überfluten, wird Gott selbst
Mensch, um den Frieden in der menschlichen
Gemeinschaft wiederherzustellen.
»... und nicht einmal der größte
Wissenschaftler mit Hilfe seines gesamten
Laborwissens kann mich verstehen,
weil ich jenseits eures Verstandes bin ...«
»... kommt, untersucht mich, erfahrt mich,
das ist die Methode, Wissen
aus mir zu ziehen ...«

Avatara und Avatar

»Zur Rettung des Guten, zur Vernichtung des Bösen, zur Wiederherstellung gottgewollter Ordnung inkarniere ich mich von Zeitalter zu Zeitalter. Wann immer Unfriede oder Disharmonie die Welt überfluten, wird Gott selbst Mensch, um den Frieden in der Gemeinschaft aller Menschen wieder herzustellen. Das Gutsein der Guten und die Bosheit der Schlechten sind die Gründe für den Avatara des Herrn.

Ich habe eine Aufgabe, die ganze Menschheit zu umsorgen und für alle ein Leben voller Glückseligkeit zu sichern. Ich habe ein Gelübde getan, alle, die vom rechten Pfad abgeglitten sind, zurückzuführen und zu retten. Meine Hauptaufgabe aber ist, allen Menschen das Wissen der Veden und anderer heiligen Schriften zu enthüllen. Die Wiederherstellung richtiger, rechtschaffener Lebensweise ist mein Ziel. Ich bin in dieser menschlichen Erscheinung gekommen, um die innere Wahrheit von euch allen aufrechtzuerhalten. Sathya – ich bin die Wahrheit der Wahrheiten, die Wahrheit in allen Wahrheiten. Meine bezeichnendste und wichtigste Kraft ist die Liebe – Prema. Ich mag den Himmel in die Erde verkehren und die Erde in den Himmel, aber das ist nicht das Kennzeichen meiner göttlichen Macht – Liebe, allumfassende, allgegenwärtige Liebe ist das einzige Kennzeichen. Ich bin ewige Glückseligkeit – Ananda, einzig Glückseligkeit. Ich bin Weisheit –

Jnana. Glückseligkeit und Friede – Shanti – das ist meine Natur.«

In den Veden wird der Avatar als ein außergewöhnliches Wesen beschrieben, die Verkörperung des Göttlichen in Menschengestalt, der zum Wohle der Menschheit inkarniert, als die Herabkunft Gottes auf die Erde, die Inkarnation des Formlosen in einer Form. Weiter heißt es, daß der Avatar Vergangenheit, Gegenwart und Zukunft kennt. Er weiß seine Mission, seinen Lebensweg. Er bestimmt den Ort, wo, und die Familie, in die hinein er geboren wird. Er entscheidet sich zur Inkarnation, um Liebe in die Welt zu bringen, das spirituelle Bewußtsein der Menschen anzuheben. Die Handlungen eines Avatars sind vollständig frei. Sie sind nicht an Karma gebunden. Avatara – von ava (hinab) und tri (hinübergehen) – wird auch beschrieben als das Herabkommen einer göttlichen Kraft, die über die Notwendigkeit der Wiedergeburt längst fortgeschritten ist und im Körper eines einfachen Menschen zur Form wird. Laut Definition verkörpert ein Avatar 16 besondere Eigenschaften, die ihn vom gewöhnlichen Menschen unterscheiden. Die wichtigsten davon sind: völlige Beherrschung und Transzendenz der physischen Welt, einschließlich der Fähigkeit, Dinge nach Wunsch entstehen zu lassen, zu erhalten und wieder aufzulösen, Allwissenheit, Allmacht, Allgegenwart, unendliche Liebe, Gnade und vieles mehr.

Der letzte wirkliche Avatar war nach Hindu-Tradition Krishna, der vor etwa 5000 Jahren lebte. In der Bhagavad Gita ist das Abenteuer, das es bedeutet, einen Avatar zum Freund zu gewinnen, durch die Beziehung zwischen Krishna und Arjuna auf wunderbare Weise beschrieben. Arjuna zog es vor, Krishnas Freund zu bleiben, als er kurz die Fähigkeit erhielt, die Macht und Herrlichkeit des Avatars voll zu schauen. Arjuna ersuchte Krishna, sich ihm in seiner vollen Glorie zu zeigen. Aber der Anblick war so herrlich und erschreckend zugleich, daß Arjuna überwältigt Krishna bat, wieder seine ihm bekannte, begrenzte Erscheinungsform anzunehmen. »Ich bin der Krieger auf jedem Schlachtfeld. Ich bin der Wissende in allem, was gesucht werden muß. O Arjuna, suche, und du wirst Ihn da in deinem eigenen Herzen finden.«

Sai Baba unterscheidet zwischen einem Avatar und einem höher entwickelten Menschen mit Siddhi-Fähigkeiten (übersinnlichen Kräften). Letzterer kann sich durch spirituelle Übungen zu höheren Ebenen der Selbsterkenntnisse entwickeln und dabei Siddhis, Yogakräfte, entfalten.

Im Gegensatz dazu wird der Avatar schon mit dem totalen Bewußtsein geboren. Der Yogi entwickelt sich von der irdischen Geburt ausgehend himmelwärts auf die höheren Seinsebenen. Der Avatar aber, der schon von vollkommener, göttlicher Wesensart ist, wählt den Weg hinab zur Erde. Buddha, Christus, Mohammed waren keine Avatare. Avatare würden nur in Indien geboren werden. Der Avatar sei keineswegs mit einem Guru zu verwechseln: »Ein Guru ist ein Licht, das die Straße beleuchtet. Aber das Ziel ist Gott. Man ist dem Guru dankbar, aber Gott betet man an. Heutzutage betet man den

Guru an, und das ist ganz falsch. Nur Gott ist wirklich Guru. Nur Gott ist im Inneren. Die draußen sind keine Gurus. Sie sind Lehrer verschiedener Art. Guru bedeutet ›der die Dunkelheit beseitigt‹. Nur Gott kann die Dunkelheit im Inneren beseitigen. Das geschieht nur durch die Gnade Gottes. Der echte Guru erklärt sich nicht selbst zum Guru!«

Rama war Avatar. Man sagt, er habe die Farbe blauschwarz angenommen, um sich der damaligen Zeit und Menschenrasse anzupassen. Das Göttliche stieg herab, um Fleisch zu werden. Gott ist die Allseele. Aus dieser Allseele hat er auch uns einen Teil gegeben. Und wenn Gott in Fleisch eingebunden ist, nimmt er unsere Form an. Als Rama herabstieg, war die Erde vom Kosmos bedroht. Er stellte die Ordnung wieder her und entzündete im Menschen Bewußtsein. Später stieg Krishna herab, um seine eigenen Kinder zu retten. Er lehrte die Liebe. Von Krishna heißt es, er hätte Indigoblau, die kosmische Farbe des Himmels, angenommen. Könnte es sein, daß unser heutiges Bewußtsein durch das Avatara, das Herabsteigen des Göttlichen, bestehe? Geschah das Avatara auch schon vor Jesus Christus? Jesus Christus war kein Avatar, sondern Sohn Gottes. Er war die inkarnierte Liebe, er vergoß für uns sein Blut, auf daß wir leben. Die Botschaft des Buddha war Barmherzigkeit, Mitgefühl mit allen Wesen, Weisheit.

Krishna war kein Inder. Er hat sich nur in das dortige Volk inkarniert. Buddha war kein Arier, Jesus kein Jude. Er ist nur in Israel erschienen. Gott stieg herab als Gott, nicht als Inder, nicht als Arier, nicht als Jude. Gott kam von Gott. Gott bleibt Gott. Gott zeugt aus seinem Himmel seine Söhne oder läßt sich selbst als Avatar herab.

Ein Avatar verhilft dem Menschen zu seiner inneren Apokalypse. Seine inneren sieben Welten, d. h., seine sieben Körperöffnungen werden durch die sieben Schlüssel des Avatars aufgebrochen. Und so kann der Mensch die letzte Wahrheit und Befreiung erfahren. Er verhilft dem Menschen, sein kleines individuelles Selbst abzubauen, um im größeren universalen Selbst aufgehen zu können, das Bewußtsein der Dualität zu überschreiten und in einer Einheit mit dem Universum zu verschmelzen. Denn »nur das Eine existiert, nicht zwei. Wenn man das Zweite sieht, dann ist Maya im Spiel«.

In den indischen Küchen gibt es ein Instrument, die Zange, die benutzt wird, um Töpfe auf dem Herd zu verschieben und vom Feuer zu nehmen. Dieses Instrument kann alles erfassen, außer denjenigen, der es benutzt. Maya ist die Zange, die von Gott gehalten und benutzt wird. So sagt Sathya Sai Baba zu Maya, daß das Göttliche eingehüllt sei in menschliche Erscheinungsform, in der jede göttliche Entität, jedes göttliche Prinzip, d. h., alle Namen und Formen, die Gott zugeschrieben werden, manifest sind.

Die göttliche Schau aber lasse letztlich den Geist das Vergängliche nicht mehr sehen. Name, Form und Eigenschaften verschwinden mit der Zeit. Warum soll man sich mit einer Illusion befassen, die doch vergehen wird? Es sei viel besser, Zeit und Aufmerksamkeit der Wirklichkeit zu widmen. Schau des Göttlichen bedeutet, die vergängliche Illusion (Maya) zu durchschauen und mit der Realität zu leben. Gott ist die ewige Wirklickeit. Er ist die unveränderliche Grundlage für jede Erscheinung. Er trage alle Namen, alle Formen. Zu ihm rufen Angehörige aller Glaubensrichtungen. Allah, Buddha, Jesus – alle Namen sind Namen Gottes, alle Formen sind seine Formen.

Keine Religion kann für sich beanspruchen, die universelle Wahrheit voll zu repräsentieren. Jede Religion definiere Gott innerhalb ihrer Grenzen, die sie sich gesteckt hat und behaupte damit, Gott erfaßt zu haben. Doch die verschiedenen Religionen und Glaubensrichtungen, die sich als getrennt und verschieden betrachten, werden alle von einem einzigen Strom der Liebe genährt. Gott kann nicht mit einem einzigen Namen und einer Form identifiziert werden. Er ist alle Namen und alle Formen. Alle Namen und Formen gehören ihm. Letztlich aber sollen wir über Bilder und Statuen hinauswachsen. Sie seien Kindergarten – Lernmaterial in der Schule des Geistes. »Verehrt Gott als den, der im Bild ist – und nicht das Bild als Gott.« Sai Baba rät, sich auf die Suche nach göttlicher Energie zu begeben, Energie, die nicht mit Name und Form belastet ist, Gott als den reinen Attributlosen, als das transzendentale Sein zu erkennen, zu erfahren. »Er ist der Anfang, die Mitte und das Ende. Er ist die Grundlage, die Substanz und der Ursprung.«

»Die Menschen mögen verschiedene Sprachen sprechen und sich in ihren Lebensgewohnheiten unterscheiden, aber es gibt nur einen Gott, und dieser ist allgegenwärtig. Alle Religionen beschreiben ihn als Liebe, und Liebe ist der Weg zu ihm. Die Formen, ihn zu verehren, mögen verschieden sein, denn sie sind von Zeit und Umfeld geprägt. Der Inhalt aller Formen aber ist die Liebe. Er kennt keine Unterschiede. Er ist jenseits aller Charaktereigenschaften. Er ist Liebe. Er ist Gnade. Er ist Güte und er ist Weisheit. Er ist die Kraft.«

Der Avatar gibt sich menschlich, damit die Menschen sich ihm verwandt fühlen können. Das Göttliche im Menschen als innersten Beweggrund zu erkennen, das sei das Ziel, das er durch die Annahme menschlicher Gestalt erreichen wolle, gleichermaßen Buddhi, die höchste Intelligenz auf verschiedene Art zu korrigieren. Ein Avatar müsse beraten, helfen, befehlen, verurteilen, während er als Freund und Helfer beisteht. Jeder Schritt auf seinem Weg sei vorbestimmt. Rama kam, um die Wurzeln der Wahrheit (Sathya) und Rechtschaffenheit (Dharma) zu nähren. Krishna erschien, um Friede (Shanti) und Liebe (Prema) zu bewahren. In unserer Zeit geraten diese vier Eigenschaften mehr und mehr in Vergessenheit. Das ist der Grund für das Erscheinen des Avatars. Rama, Krishna und Sai Baba würden durch das Gewand, das sie tragen, verschieden erscheinen, und doch seien sie dieselbe Wesenheit.

»Ich bin gekommen, euch den Schlüssel zur Schatztruhe reiner Glückseligkeit (Ananda) zu geben, euch zu lehren, wie man diese Quelle erschließt, denn ihr habt den Weg dorthin vergessen. Ihr aber seid gekommen, um weltliche Belanglosigkeiten zu erbitten. Nur wenige von euch wünschen sich das, was zu geben ich gekommen bin, nämlich die Befreiung (Moksha). Ich bin nicht der Verursacher von Freude oder Leid. Ihr selbst seid die Schmiede dieser beiden Ketten. Viele kommen mit gesundheitlichen oder seelisch-geistigen Problemen verschiedenster Art zu mir. Dies sind lediglich Köder, durch die ihr hierher gebracht wurdet. So wie ein Fisch durch den Wurm von der Angel angezogen wird, so ziehe ich euch durch irgendwelche Nöte oder Schmerzen, Verluste oder Zweifel zu mir heran. Ich ermutige euch und führe euch an der Hand zum Ziel eurer menschlichen Inkarnationen: zur Erkenntnis eurer eigenen Göttlichkeit. Probleme müssen eigentlich immer willkommen geheißen werden. Sie erteilen Lektionen in Demut und Ehrfurcht.«

Nicht einmal der größte Wissenschaftler mit Hilfe seines ganzen Laborwissens könne den Avatar verstehen. Nur ganz Wenige haben seine Absicht und seine Bedeutung erfaßt. Sai Baba versichert, daß dieser Avatar nicht umsonst gekommen sei. Er werde die Krise, die über die Menschheit hereingebrochen sei, erfolgreich abwenden. Er werde Glück verbreiten und sei bereit, wieder und wieder zu kommen, nicht nur einmal, sondern zweimal, dreimal, sooft wir nur wollten. Er sagt von sich, daß er ein voller Avatar sei. Sein Erscheinen auf der Erde sei in den heiligen Schriften aller Religionen, auch in der Bibel, vorausgesagt worden.

»Ihr könnt mich nicht verstehen, weil ich jenseits eures Verstandes bin. Doch ihr könnt meine Schritte hören. Ich bin neben euch, hinter euch und unter euch, denn Gottes Liebe ist so groß, daß er selbst in menschlicher Form kommt, damit sie mit ihm gehen, mit ihm sprechen, ihn ehren, ihm dienen, ihre Verwandtschaft erkennen können. Ich erhöre jede Bitte, die aus einem reinen Herzen kommt. Selbst wenn Erde und Himmel sich verbinden, wird meine Wahrheit unerschüttert bleiben. Ihr seid göttlich, eingefaßt wie ich in dieses menschliche Fleisch. Nur seid ihr euch dessen nicht bewußt. Ihr seid in dieses Gefängnis durch die Verwirrung vieler Leben gekommen. Ich aber habe diesen sterblichen Leib freiwillig auf mich genommen. Ihr seid durch die drei Gunas – Sattva, Rajas und Tamas – an euren Leib gebunden. Ich aber bin frei. Die drei Gunas sind nur mein Spielzeug. Ihr werdet durch eure Wünsche hierhin und dorthin getrieben. Ich habe keine Wünsche, es sei denn, euch wunschlos zu machen.

Dies ist eine menschliche Form, in der die göttliche Wesenheit, jedes göttliche Prinzip, in dem alle Namen und Formen, die von den Menschen Gott zugelegt wurden und werden, offenbar sind. Ich kenne die Gemütsbewegungen eurer Herzen, aber ihr kennt mein Herz nicht. Ich reagiere auf den Schmerz, den ihr durchmacht und fühle mit der Freude, die ihr fühlt, denn ich bin in eurem Herzen.

Kommt und untersucht mich, erfahrt mich, das ist die Methode, mein Wissen für euch erfahrbar zu machen. Setzt eure Art der Anbetung, eure auserwählte Art der Gottheit, auf die euch vertraute Art und Weise fort. Und ihr werdet feststellen, daß ihr mir näherkommt. Denn alle Namen sind mein und alle Formen sind mein. Ihr braucht nicht eure auserwählte Gottheit zu wechseln, wenn ihr mich gesehen und gehört habt. Alle Religionen sind mein. Es ist nicht nötig, von einer Religion zu einer anderen zu wechseln. Das Universum ist mein Wohnsitz. Selbst die, welche mich verleugnen, gehören mir. Ruft mich mit jedem Namen, und ich werde antworten!«

Wer dieses schaut,
schaut nicht den Tod,
er sieht weder Krankheit noch Leid.
Wer dieses schaut,
schaut alles, was ist,
er erlangt es überall.

Chandogya Upanishad

Siddhis und Wunder

»Die Wiederherstellung von Dharma, gottgewollter Ordnung, ist mein Ziel. Dharma zu lehren und zu verbreiten ist mein Anliegen. Was ihr Wunder nennt, ist nur ein Mittel zu diesem Ziel. Ich habe damit nicht die Absicht, für mich zu werben. Ich brauche keine Werbung – weder ich noch irgendein anderer Avatar. Siddhis, yogische Fähigkeiten, gehören zum Wesen des Avatars. Die Erschaffung von Gegenständen, die beschützen und Freude bereiten sollen, ist spontan und dauerhaft.«

»Zyniker werten Dinge ab, ohne sie zu kennen. Wenn sie die Sastras studieren oder sich um direkte Erfahrung bemühen würden, könnten sie mich verstehen. Meine Aufgabe besteht nicht allein darin, zu heilen, individuelles Leid zu beseitigen, Not und Elend aufzuheben. Wunder zu vollbringen ist nur eine Begleiterscheinung meiner Mission.

Sicher habt ihr Leute sagen hören, ich sei ein Magier, ein Taschenspieler. Man sollte jedoch die göttliche Allmacht nicht mit billigen Taschenspielertricks verwechseln. Magier führen ihre Tricks vor, um damit ihren Lebensunterhalt zu verdienen, um berühmt und reich zu werden. Niemand auf dieser Welt jedoch kann den Reichtum sehen, den ich besitze. Weder der mächtigste aller Kaiser, noch der König der Könige können jemals hoffen, die Reichtümer zu erwerben, die ich besitze.

Und worin besteht dieser Reichtum? Es ist meine bedingungslose Liebe (Prema).«

»Ihr solltet selbst herausfinden, was meine wirkliche Natur ist, und euch nicht von dem beeinflussen lassen, was über mich von Leuten gesagt wird, die niemals eine persönliche Erfahrung mit einem Avatar gemacht haben. Dies ist ein Zeichen von Unwissenheit. Wenn diese Leute nur verstehen könnten, was Sai für die Welt tut, dann würden sie sich niemals derartig irreführen lassen. Wenn ihr das wahre Wesen von Sai verstehen wollt, dann öffnet euch seiner Liebe. Wenn ihr das fundamentale Prinzip der Liebe versteht, werdet ihr eins mit Atma. Wer das Wesen Brahmans versteht, wird selbst zu Brahman.«

»Einige Leute ziehen sich von mir zurück, wenn ihre Wünsche nicht von mir erfüllt worden sind. Sie wenden sich gegen mich, bringen mich in schlechten Ruf. Aber selbst das bereitet mit Freude und macht mich glücklich, denn indem sie mich verleugnen, fördern sie ihre eigene Sache und suchen ihr eigenes Glück. Braucht das Meer die Flüsse, um zu existieren? Nein, die Flüsse fließen, weil es das Meer gibt.«

Siddhi bedeutet übermenschliche Kraft, Vollkommenheit, Erfüllung, »wunderbare Fähigkeiten und Kräfte«, die durch Raja-Yoga erlernt werden können. So wird es in den Yoga-Sutren Patanjalis erwähnt. Die Siddhis können laut Patanjali von Geburt an vorhanden sein oder durch Mantras, Tapas (spirituelle Übungen) und Samadhi erlangt werden. Die klassischen Lehrsprüche Patanjalis, die Yoga-Sutren, sind die Grundlage aller Yoga-Systeme. In ihnen spiegelt sich die tiefe Lebensweisheit Indiens. Sie sind Ursprung für jeden, der sich ernsthaft mit Yoga beschäftigen will.

Die Yoga-Sutren sind Aphorismen, die ihre Wurzeln in alten Überlieferungen haben und von Patanjali zwischen dem 2. und 4. Jh. vor Christus aufgezeichnet worden sind. Und diese Sutren beschäftigen sich mit der Schau, einer immer gegenwärtigen Schau, die weder an die Vergangenheit, noch an die Zukunft gebunden ist. Sie vermitteln die Schau der Wahrheit, dessen »was ist«. Sie befreien den Geist aus den Fesseln der Zeitlichkeit, eine Befreiung, die in eine innere Ruhe mündet. Sie sind die Schlüssel zur Wahrheit.

Patanjali, der Autor der Yoga-Sutren, hat diese nicht weiter erläutert. Und obgleich sie bereits in viele Sprachen der Welt übersetzt wurden, sind sie noch immer dunkel und ungeklärt. Das läßt vermuten, daß jeder, der diese Aphorismen verstehen will, darüber meditieren und ihre innere Bedeutung selbst entdecken und erfahren muß, ähnlich dem Koan im Zen-Buddhismus, das nicht logisch erklärt, sondern nur intuitiv erfaßt werden kann. So kann das Verstehen dieser Sutren nicht mit dem physischen Auge erreicht werden, vielmehr durch einen Daseins-Zustand, dem jeweiligen Bewußtsein des »Schauenden« angepaßt.

Samyama oder Sammlung werden die drei letzten Stufen des achtgliedrigen Yoga-Pfades von Patanjali bezeichnet.

»Durch Sammlung im Herzen erlangt man Erkenntnis des Bewußtseins« (Sutra 34). »Durch Beherrschung des verbindenden Atems (samana) wird der Körper leuchtend« (Sutra 40). »Wendet man die Sammlung auf die Sonne hin, so erlangt man Wissen vom Kosmos« (Sutra 26). »Wendet man die Sammlung auf den Mond hin, so erlangt man Wissen von der Ordnung der Gestirne« (Sutra 27). »Wendet man die Sammlung auf das Nabelzentrum hin, so erlangt man Wissen von der Ordnung des Körpers« (Sutra 29). »Wendet man die Sammlung auf die Höhle der Kehle hin, so verschwinden Hunger und Durst« (Sutra 30). »Wendet man die Sammlung auf die Kraft, so erlangt man die Stärke eines Elefanten oder anderer großer Wesen« (Sutra 24). »Wendet man die Sammlung auf Liebe, Mitleid, Heiterkeit oder Gleichmut, so erlangt man seelische Kräfte« (Sutra 23).

Andere Siddhis sind: den Körper bewußt leicht oder schwer, ja sogar unsichtbar zu machen, mit ihm durch die Luft zu fliegen (Levitation), sich an mehreren Plätzen zur gleichen Zeit aufzuhalten (Bilokation), in verschiedenen Körperformen aufzutreten, sich in den Gedankenstrom anderer einzuschalten usw.

Entsprechen diese »wunderbaren Fähigkeiten« oder Siddhis (d. h. »Vollkommenheit«) nicht unseren parapsychologischen Phänomenen, die ohnehin latent in jedem Menschen ruhen? Seit Jahrtausenden werden diese Kräfte in der östlichen Tradition beinahe als Selbstverständlichkeit empfunden, während unsere Tradition im Westen, mehr vom Intellekt geprägt, dieselben eher in Frage stellt, wenn nicht gar ablehnt. Selbst wissenschaftlich gewonnene Forschungsergebnisse können oft nur schwer als »Beweismittel« herangezogen werden. Hat nicht Christus vor 2000 Jahren ähnliche Wunder vollbracht?

Viele Yogis, denen ich begegnet bin, vertreten den Standpunkt, daß man durch jene Kräfte häufig vom spirituellen Weg abgelenkt werde. Manch einer, der Siddhi-Erfahrungen macht, wird von seinen Kräften so überwältigt und fasziniert, daß er das eigentliche Ziel darüber vergißt. Es kann vorkommen, daß er dabei völlig übersieht, daß diese übersinnlichen oder paranormalen Fähigkeiten, wie sie bei uns bezeichnet werden, ihn tiefer in den Bereich des Ego-Zustandes führen, in den Bereich der Wünsche und Begierden, in den Bereich der Dualität, anstatt ihn in höhere Bewußtseinsebenen zu heben. Er kann von diesen Kräften so abhängig werden, sich in ihrer Macht und ihrem Energiestrom so verstricken, daß er dort haften bleibt, statt das eigentliche Ziel, die Vereinigung mit dem Höheren Selbst, anzustreben.

Swami Divyananda Saraswati, bei dem ich mehrere Monate im Himalaya verbrachte, erklärte mir das Phänomen der Siddhis einmal so: »Eigentlich sind diese wunderbaren Kräfte keine Phänomene, sondern sie tauchen in der Regel ganz selbstverständlich in der Entwicklung eines jeden Yogis auf. Allerdings gelingt es nicht jedem, sie ausschließlich im evolutionären Sinne wachzurufen und entsprechend anzuwenden. Und genau hier liegt die Gefahr, die neu erworbenen Fähigkeiten zu mißbrauchen. Sie verleihen einem ein ungeheures Machtgefühl, und nicht jeder, der über diese Fähigkeiten verfügt, muß deswegen gleich auf einer hohen Stufe der Selbst- bzw. Gottesverwirklichung stehen. Gelegentlich können sich diese Fähigkeiten auch als Falle, als Barriere auf dem Wege zur absoluten Wahrheit erweisen. Je höher die Macht, desto tiefer der Abgrund.

Siddhis soll man als am Wegrand erscheinende, verlockende, buntschillernde Schmetterlinge und Blumen betrachten, die der Sucher greifen darf, ohne sie jedoch zu verletzen. Denn so wie weltliche Mächte zu Stahlfesseln werden können, erweisen sich übersinnliche Mächte oft nur als Fesseln aus Diamant. Fessel aber ist Fessel, ob aus Stahl oder aus Diamant. Und einmal darin gefangen, ist es nicht so einfach, sich daraus zu befreien.«

Auch Ramakrishna Paramahamsa hat gesagt, daß Siddhis, jene übernatürlichen Kräfte, ein Hindernis auf dem Weg des spirituellen Aspiranten seien. Sai Baba erklärt, Siddhis können einen Sadhaka in die Irre führen. Er muß seinen Weg geradeaus weitergehen, ohne sich auf sie einzulassen. Sein Ego werde ihn zu Fall bringen, wenn er der Versuchung erliegt, seine yogischen Fähigkeiten öffentlich zur Schau zu stellen. Selbst ein spiritueller Lehrer könne noch Opfer dieser Versuchung werden, wie der Sucher.

Vor nicht allzu langer Zeit wollte ein Mann Sathya Sai Baba auf die Probe stellen. Dieser Vorfall wurde in der breiten Öffentlichkeit bekannt. Es war ein Yogi, der Nägel, Glas und ähnliches aß und zudem über Wasser gehen konnte. Um nun seine Fähigkeiten unter Beweis zu stellen, ließ er ein großes Wasserbecken aufstellen und verkaufte Eintrittskarten für eine Demonstrations-Show von Sai Babas wundersamen Fähigkeiten. Am angekündigten Tage dann trat er aufs Wasser – und versank. Die Polizei mußte ihn in Haft nehmen, um ihn vor der aufgebrachten Menge zu beschützen. Die Eintrittsgelder wurden zurückerstattet, nachdem der Mann gestanden hatte, daß er Sai Babas Namen nur benutzt hatte, um den Kartenverkauf kräftig anzukurbeln.

Sri Sathya Sai Baba nennt seine Kräfte »Visitenkarten«. Der Avatar erlaubt den Menschen, ihn zu beurteilen, während er seine Macht und seine Fähigkeiten offen zeigt, um Zweifel leichter zu zerstreuen. Lebensweise, Handlungen, Prinzipien und Kräfte eines Avatars seinen in christlichen und hinduistischen Schriften klar definiert. Sie seine konkrete Zeichen seines Allwissens, seiner Allgegenwart und Liebe. Denn ein Avatar ist jenseits von Karma, jenseits von Raum und Zeit, jenseits einer Klassifizierung jeglicher Art, jenseits der Dualität. Seine Kräfte sind lediglich Ausdruck der Tatsache, daß er überall und jederzeit mit allem eins ist.

Einige Menschen behaupten, die Anwendung von Siddhis würde die Entwicklung Sai Babas behindern, als ob es sich um Fähigkeiten handelte, die er erworben hätte. Er aber erklärt, die Verkörperung dieser Fähigkeiten, die Personifizierung aller Siddhis zu sein. Er müsse sogar jene heilen, die mit Stolz behaftet sind, weil sie irgendwelche Siddhis besitzen und weil »ihre Köpfe so geschwollen« sind, daß sie es wagen, ein Urteil über das göttliche Selbst abzugeben.

»Wunder gehören in den Bereich der natürlichen, unbegrenzten Kräfte Gottes. Sie sind auf keinen Fall das Produkt von Siddhis, wie von Yogis erarbeitet oder von magischen Kräften, wie bei Zauberern. Die schöpferische Kraft ist in keiner Weise angeeignet oder entwickelt worden. Sie ist rein natürlich. Viele erklären, mich verstanden zu haben – Gelehrte, Yogis, Pandits, Jnanis. Sie alle aber nehmen nur das Unwichtige wahr, die gelegentlichen, äußeren Manifestationen meiner Macht, die sogenannten Wunder. Sie überbewerten die Rolle der Wunder, die – verglichen mit meiner eigentlichen Aufgabe – nur von geringer Bedeutung ist. Meine Macht ist unermeßlich, meine Wahrheit unerklärbar und unergründbar. Solche Erklärungen durch Avatare sind nur noch von Krishna so klar und unmißverständlich gemacht worden. Aber auch derselbe Krishna erlitt im Laufe seines Lebens in seinen Bemühungen und Bestrebungen gelegentliche Niederlagen, Niederlagen, die Teil eines Dramas waren, das er selbst entworfen und durchlitten hatte.«

Ich bin eins, möge ich viele werden!
Es gibt nur Einen, aber derselbe
ist den Weisen in der ganzen Welt
auf vielerlei Weise bekannt
und wird von ihnen auf vielerlei Weise
beschrieben und angerufen.
Ruft mich mit jedem Namen,
und ich werde antworten.

(aus den Veden)

Seine 108 Namen

»Da die Göttlichkeit in Menschlichkeit eingehüllt ist, müßt ihr euch bemühen, die Maya zu durchdringen, die das Göttliche vor euren Augen verbirgt. Bei früheren Gelegenheiten, bei denen sich Gott auf der Erde inkarnierte, wurde die Glückseligkeit, ihn als göttliche Inkarnation zu erkennen, trotz vieler offensichtlichen Zeichen seiner Gnade erst gewährt, nachdem die physische Verkörperung die Welt verlassen hatte. Diese überweltliche Göttlichkeit in Menschengestalt aber wird die Wahrheit bringen und die Unwahrheit vernichten. Sehr bald schon werdet ihr Zeugen der Wiederherstellung des ursprünglichen Zustandes von Dharma sein – die ewig gültige Rechtschaffenheit, dem Dharma, das in den Veden zum Wohle der Völker der ganzen Erde niedergelegt ist. Das ist der Sai Sankalpa – der göttliche Wille.«

Die Anhänger Sri Sathya Sai Babas verehren den Avatar, das göttliche Prinzip, das er verkörpert, mit einer Kette aus 108 Perlen, von denen jede einen bestimmten Namen trägt. Diese Namen stammen alle aus den Ashtothara Satha Namavalis (der göttlichen Namensliste), die Formen und Namen preisen, in denen die göttliche Herabkunft erschienen ist – Rama, Krishna, Lalitha oder Sai Baba von Shirdi. Jene 108 oder 1008 Namen sind in den heiligen Schriften niedergelegt. Darin heißt es, daß Gott auf jeden Namen antworte, ganz gleich, wie er ausgesprochen wird, vorausgesetzt, der Ruf kommt aus einem Herzen voller Sehnsucht. Er ist uns so nah, daß er uns in der Stille unseres Herzens seufzen und beten hören kann. Er ist alle Götter in Einem. Er hört alle Gebete von Mensch und Tier in allen Sprachen und allen Gegenden der Erde. Die Zahl 108 ist deshalb heilig, weil – wie der Avatar sagt – der Mensch an einem Tag 21 600 mal atmet und das ist genau 200 mal 108. Und mit jedem Atemzug rufen wir den Namen Gottes.

Patanjali schreibt in seinen Yoga-Sutras: »Wenn die Menschen den Gottesnamen wiederholen, so sollten sie sich der Bedeutung jedes Namens bewußt sein, der Bedeutung des Namens und des Sinnes, bzw. des Inhalts. Ist es aber in Wahrheit nicht unser eigenes Bewußtsein, das wir anrufen, damit wir erkennen, wer und was unsere eigene Wirklichkeit ist? Worte haben eine ungeheure Macht. Sie können Emotionen hervorrufen, und sie können diese wieder beruhigen. Sie bringen Erkenntnis, oder sie verwirren. Sie sind potentielle Kräfte, die große Reserven von Energie und Wissen hervorbringen. Die Sprache ist so mächtig, daß sie unseren Charakter erkennen läßt, unsere Persönlichkeit deutlich macht.

Worte haben eine mächtige Wirkungskraft. Wenn man Mantras, sowie die Namen, die Aspekte des Göttlichen wiederholt, können genau diese Laute, ihr Inhalt, ihre Prinzipien in uns verwirklicht werden.

Sathya Sai Baba meint zur Wirksamkeit des Nama-Smarana – die unaufhörliche Erinnerung an die Namen und Aspekte Gottes – und zu Mantras, Klanglauten überhaupt:

»Das Wiederholen eines Mantras, eines göttlichen Namens, ist wie das Bohren, um in der Tiefe Wasser anzuzapfen. Es ist wie der Meißel, der das göttliche Bild sichtbar machen wird, das im harten Marmor gefangen ist. Wenn du das Gehäuse aufbrichst, wird der göttliche Aspekt erscheinen. Berechne nicht, wieviel Zeit du mit dem Wiederholen des Namen Gottes, des Mantras verbracht hast, rechne lieber aus, wieviel Zeit du verschwendet hast, ohne mit Ihm in Kontakt zu kommen.

Der Name Gottes ist wie das Gewehr, das dich vor den wilden Raubtieren im Dschungel des Lebens bewahrt. Das Gewehr verursacht einen lauten Knall, wenn die Kugel abgeschossen wird. Der Name Gottes wird Maya (die Illusion) entfernen, das jetzt Shakti (die universelle Kraft) von Vyakthi (dem individuellen Lebewesen) trennt. Das Licht der Namen und der Mantras wird sowohl die innere, wie die äußere Dunkelheit vertreiben. Gott hat Tausende von Namen. Es gibt keinen Namen, der nicht der Seine wäre. Die Veden sagen »es gibt nur Einen«, aber derselbe ist den Weisen in der ganzen Welt auf vielerlei Weise bekannt und wird von ihnen auf vielerlei Weise beschrieben und angerufen.«

»Die Gunas, die Eigenschaften des Erschaffenen, müssen eines nach dem anderen transzendiert werden: Tamas (Trägheit) muß zu Rajas (überschwenglichem Gefühl) werden, Rajas zu Sattva (Lauterkeit), und auch Sattva muß schließlich überwunden werden und in das Stadium der Eigenschaftslosigkeit münden. Die Gunas binden die Menschen und hinterlassen ›Eindrücke‹. Tamas sind wie Würmer, die im Abfall herumkriechen, Rajas wie Fliegen, die auf fauligen oder schönen Dingen sitzen, Sattva schließlich die Biene, die nur leuchtende und duftende Blüten aufsucht. Alle drei sollten frei sein von jeglicher Spur der Abhängigkeit. Heutzutage sind die Herzen vieler Menschen durch Würmer und Fliegen verseucht. Darum sollte der Name Gottes diese Orte reinigen und auf die spirituelle Entwicklung vorbereiten.«

»Das Wiederholen der Mantras, der göttlichen Namen, verlangt weder einen bestimmten Zeitpunkt, noch eine bestimmte Zeitspanne. Du kannst es immer tun, ganz gleich, ob du gerade ein Bad nimmst, dich zum Essen niedersetzt oder spazierengehst. All die Stunden, die du jetzt noch mit Geschwätz verbringst, mit hohler Konversation, könnten weit besser für eine stille Kontemplation über den Namen und die Gestalt des Göttlichen genutzt werden.«

Es würde zu weit führen, alle 108 bzw. 1008 Namen zu nennen, und so habe ich nur einige Dutzend ausgewählt, die mich am meisten beeindrucken. Sie seien hier kurz erläutert:

Om Sri Sathya Sai Baabaaya Namah: Om – der Urlaut; Sri – Herrlichkeit in allen Aspekten; Namah – ich verneige mich ehrfurchtsvoll vor Baba, unserer göttlichen Mutter und unserem göttlichen Vater.

Sathya bedeutet Wahrheit. Suche nach Wahrheit ist Suche nach Gott. Gott ist Wahrheit. Wahrheit ist Gott. Es gibt zwei Arten von Wahrheit: unveränderliche und veränderliche Wahrheit. Sathya ist die Wahrheit, die unveränderlich bleibt in Vergangenheit, Gegenwart und Zukunft. »Ich bin die Wahrheit der Wahrheiten, die Wahrheit in allen Wahrheiten.« Sai bedeutet Herr, Meister, Herrscher. Ayi heißt Mutter und Vater. So heißt Sai Baba: Meister, Mutter und Vater. Er offenbart seine Wirklichkeit als Shiva-Shakti, dem Zwillingspaar – Prakriti und Purusha. Purusha ist der, der in der Vergangenheit war, in der Gegenwart ist und in der Zukunft sein wird. Prakriti ist seine manifestierte Energie.

Om Sri Sathya Dharma Paraayanaaya Namah

Ich verneige mich vor ihm, der Wahrheit und Rechtschaffenheit bringt.

Er ist gekommen, der Menschheit Sathya, Dharma, Shanti und Prema – Wahrheit, Rechtschaffenheit, Ordnung, Friede und Liebe zu bringen. »Wo Glaube ist, ist Liebe! Wo Liebe ist, ist Frieden! Wo Friede ist, ist Wahrheit! Wo Wahrheit ist, ist Glückseligkeit und Rechtschaffenheit und da ist Gott!«

Sai Baba erklärt: »Mein Name ist Sathya – Wahrheit. Meine Taten sind Sathya. Ich bin um des

Dharma – der Rechtschaffenheit – willen gekommen, um es zu klären, zu verbreiten und in jedem menschlichen Herzen zu festigen. Aus Liebe zu Sathya und Dharma habe ich diese vergängliche Hülle angenommen. Es liegt in meiner Natur, von Zeit zu Zeit zum Spielen aufgelegt zu sein. Aber in allem, was ich sage, liegt ein tieferer Sinn. Nicht allen ist es gegeben, in diesen tieferen Sinn einzudringen. Jeder hat entsprechend seiner geistigen Fähigkeit und seines Wahrnehmungsvermögens eine subjektive, persönliche Auslegung. Jedes meiner Worte, all mein Handeln ist voller Bedeutung und mit tiefem Sinn erfüllt. Vielleicht seid ihr im Augenblick noch nicht imstande zu begreifen, was diese Worte wirklich beinhalten. Ihr werdet deren Bedeutung erst allmählich verstehen lernen.«

Om Sri Sarva Shakti Moorthaye Namah

Ich verneige mich vor dem, der die Verkörperung aller Kräfte ist.

Das Göttliche ist die Verkörperung aller Shaktis, Mahashaktis – die universelle Energie – und Mayashakti, die täuschende Energie. Auch Maya ist von ihrer Natur aus rein. In ihr spiegelt sich das Göttliche. Sie ist wie die Funken, die aus dem Feuer fliegen. Sind die Funken aber verschieden vom Feuer? Das Universum ist das Spielfeld Shaktis.

In den Sastras, den heiligen Schriften, werden drei Formen von Energie aufgeführt – Ichchashakti, Kriyashakti und Jnanashakti – die Energie, die will, die Energie, die handelt, und die Energie, die weiß. Shakti ist die treibende Kraft des Willens, der Tat und der Gedanken. Sie ist der Wille, die Gedanken und die Hand, die dieses Buch schreibt.

In der Bhagavadgita sagt Krishna: »Lebe nicht in der Vorstellung, daß du der Handelnde bist, daß du die Last tragen mußt. Wenn du dich selbst davon überzeugt hast, daß Ich der Handelnde, der Wagenlenker in dir bin, dann werde Ich die Last tragen.« Nur wenn wir versuchen, Shakti – diese Energie – zu erfahren, zu verstehen, dann können wir sagen, daß wir wirklich leben.

Om Sri Maheswara Swarupaaya Namah

Ich verneige mich vor dem, der die Verkörperung von Shiva ist.

Die Hindus verehren Shiva als den großen Befreier, gleichzeitig aber auch als den großen Zerstörer, der auf den Totenverbrennungsplätzen tanzt und eine Kette aus Totenschädeln trägt. Er läßt nichts bestehen, was nicht wirklich ist. Er zestört und löst alles überflüssig Gewordene auf. Und doch ist er der wahre Lebensatem eines jeden Lebewesens. Das bezeichnendste Symbol für Shiva ist die ovale Form, der Lingam, das Schöpfungssymbol. Am Festtag, de Maha-Shiva-Rathri, dem Großen Tag der Anbetung Shivas, der großen Shiva-Nacht, die vorausgeht, materialisiert Sathya bei Sai Baba diese Symbole aus seinem Mund. Dabei gestattet er vielen Tausenden von Zeugen, diesem Erscheinen beizuwohnen.

Shiva wird auch als der Gott verehrt, der alles im Universum aufgehen und letztendlich wieder zu Asche werden läßt. Daher wird Shiva manchmal in

Asche gehüllt dargestellt. Er läßt Asche herniederfallen. Shiva-Anhänger verehren ihren göttlichen Aspekt, indem sie sich völlig mit Asche bedecken. Sai Baba materialisiert Asche – Vibhuti – aus seiner Innenhand, von seiner Stirn, von seinen Füßen, läßt sie sogar aus seinen Bildern strömen. Viele seiner Anhänger halten Vibhuti für ein Allheilmittel aller physischen, seelischen und geistigen Leiden und wissen an vielen Beispielen zu belegen, wie Vibhuti geholfen hat.

Sathya Sai Baba erklärt, daß er die Verkörperung von Shiva-Shakti gleichzeitig sei, so wie sie auf dem Kailash leben: ewig, zeitlos. Als Shiva-Shakti lehre er nicht nur von außen, sondern auch von innen, nicht nur durch Worte, sondern auch durch Schweigen.

Om Sri Avathaara Murthaye Namah

Ich verneige mich vor der Persönlichkeit aller Gottesinkarnationen.

»Das Auge, das aus Materiellem geformt ist, oder die Intelligenz, die aus dem Schmelztiegel von Maya (Illusion) hervorgeht, kann mich nicht wahrnehmen. Dieselbe Gottheit, die als Sai Baba von Shirdi gekommen ist, ist dieselbe göttliche Quelle und Kraft, die sich als Rama, Krishna, Padmanabha oder Panduranya, Ganesha und andere göttliche Inkarnationen in anderen Ländern, anderen Himmelsgegenden inkarniert hat. Diese Wahrheit können nur diejenigen bestätigen, die es erlebt haben.«

Om Sri Shirdi Sai Abheda Shaktyavathaarya Namah

Ich verneige mich vor dem, dessen Herrlichkeit der des Shirdi Sai Baba gleicht.

Sai Baba erklärt, dieselbe Gottheit zu sein, die als Sai Baba von Shirdi im Jahre 1918 in den Mahasamadhi eingegangen, d. h., seinen Körper verlassen habe. Die Shakti beider sei ohne Unterschied. An Sai Baba von Shirdi gerichtete Gebete würden ihn ebenso erreichen. Aussagen zufolge sollen Worte, Handlungen, Wunder, ja sogar eine Gestik denen des Sai Baba von Shirdi gleichen. Alle, die sich zum Schrein von Shirdi begeben und dort beten, würden zu ihm beten. Er weiß, was sie brauchen, und er gewähre ihnen die Wohltaten, die sie ersehnen und verdienen.

Om Sri Ananda Daaya Namah

Ich verneige mich vor ihm, der Seligkeit ist.

Weiter erklärt er, das Meer von Ananda – Glückseligkeit – zu sein, immer gleich, unzerstörbar, unerschütterlich, unvermindert. »Ich bin ewige Glückseligkeit, einzige Glückseligkeit, reine und reinigende Freude. In jedem ist Glückseligkeit, seien es Menschen oder andere fühlende Geschöpfe oder Devas oder kosmische Wesen. Alle Lebewesen leben von einem kleinen Teil dieser unermeßlichen Glückseligkeit. Ich bin die Glückseligkeit in allen Lebewesen. Freude, die in den Gesichtern der Menschen strahlt, ist die Nahrung, von der ich lebe.«

Om Sri Aartha Thraana Paraayanaaya Namah

Ich verneige mich vor ihm, der immer damit beschäftigt ist, die Unglücklichen zu retten.

Jedem, der aufrichtig und aus tiefstem Herzen bittet, würde Sai Baba sicher zur Hilfe kommen, ganz gleich, bei welchem Namen oder in welcher Erscheinungsform auch immer sie ihn anrufen – so seine Anhänger. »Versucht nicht, mich mit den äußeren Augen zu erfassen, denn allein das Innere Auge eurer Weisheit kann mich euch enthüllen. Verzehrt euch nicht nach trivialen, materiellen Gütern von mir, sondern sehnt euch nach mir selbst und ihr werdet belohnt werden! Ringe, Talismane, Rosenkränze usw. sind ein Zeichen des Bandes zwischen mir und jenen, denen ich sie gegeben habe. Wenn sie in Not geraten, kommt der Gegenstand im Bruchteil eines Augenblicks zu mir und kehrt im gleichen Moment mit der heilsamen Gnade meines Schutzes wieder zurück.«

Da Sai Baba erklärt, das ganze Universum sei sein Haus, jede Nation sei ein Raum in seinem Wohnsitz, kann es möglich sein, so wie Anhänger schildern, daß Baba vielen Unglücklichen in fernen Ländern erscheint. Er nimmt Kontakt auf durch Träume, per Telefon und Telegramme, sowie Briefe, die oft nach abenteuerlichen Reisen hier eintreffen.

Als ein Anhänger in den USA aus tiefster Verzweiflung um ein wenig Vibhuti bat, erschien plötzlich auf dem Bild ein achtstrahliger Saphir. In hunderten Heimen in der ganzen Welt soll von seinen Bildern oder anderen Gestalten Gottes, die angerufen werden, Vibhuti, Sandelholzpulver, Honig usw.

erschienen sein. Seine Kraft der Liebe habe uralte Wunden in Familien geheilt, Familien, die ihn anriefen: Väter und Söhne haben wieder zueinandergefunden. Kinder kehrten zurück zu ihren Müttern, Familienfehden nahmen ein Ende.

Om Sri Murthi Thraya Swarupaaya Namah

Ich verneige mich vor der Verkörperung der göttlichen Dreieinigkeit. Brahma, Vishnu und Shiva sind die drei göttlichen Aspekte der Hindu-Philosophie, die zuständig sind für Schöpfung, Erhaltung und Zerstörung, für Entstehung, Dasein und Verschmelzen, wie Quelle, Strom und Meer.

Om Sri Prema Pradaaya Namah

Ich verneige mich vor ihm, der Liebe gewährt.

»Es gibt nur einen Gott, und dieser ist allgegenwärtig. Alle Religionen beschreiben ihn als Liebe und die Liebe als Weg zu ihm. Ich mag den Himmel in die Erde verkehren und die Erde in den Himmel, aber das ist nicht das Kennzeichen wirklicher Macht. Liebe, allgegenwärtige Liebe, alles umfassende Liebe ist das einzige Kennzeichen. Liebe, die nicht nach Lohn fragt, Liebe, die unerschütterlich ist, Liebe, die sich für den Alles-Liebenden verströmt, Liebe um der Liebe willen, Liebe, weil es ihre Natur ist, zu lieben.«

Om Sri Siddhirupaaya Namah

Ich verneige mich vor ihm, der die Verkörperung aller übermenschlichen Fähigkeiten – Siddhis – ist.

»Dieses ganze Universum ist in mir. Ich bin gestaltlos und überall. Ich bin das Universale, Absolute, das zugleich immanent und transzendent ist. Alles kehrt ins Nichtmanifestierte zurück, die materielle Existenz ist nur ein Übergangsstadium der Manifestation. Obgleich ungeboren und ewig unberührt, komme ich doch mit Namen und Gestalt hervor und benutze die Elemente der Prakriti, der materiellen Natur.«

Siddhi hat sowohl eine allgemeine, als auch eine technische Bedeutung: Erfüllung, Perfektion, übermenschliche Fähigkeiten, die z. B. durch Yoga-Übungen erlangt werden können. Sai Baba verfügte schon als Kind über diese übermenschlichen Fähigkeiten. Er erwähnt und gebraucht sie als seine wahre Natur, zum Wohle der Menschen. Er sagt, sie seien das normale Rüstzeug des Göttlichen.

Als das Ehepaar Cowan aus den USA um einen Abzug einer seltenen Fotografie von ihm bat, ließ er dieses fertige Bild in ihr Heim nach Amerika kommen und seine Ankunft durch eine Uhr ankündigen, die darüber stand. Die Uhr erhob sich von ihrem Platz und schlug gegen die Wand.

Für den berühmten Violinspieler Chowdian schuf er ein Medaillon. Dann entschied er, daß darauf sein Name, der Name des Empfängers und das Datum sichtbar zu lesen sein sollten. Für einen Augenblick schloß er die Hand und als er sie wieder öffnete, lag das Medaillon mit der Inschrift darin, wunderschön geschrieben.

Als eine Familie in Gujarat am Ende einer einmonatigen Fastenzeit, in der sie keinerlei Salz zu sich nahm, die abschließende Puja feierte, floß von seinem Bild in ihrem Gebetsraum Salzwasser auf ihren Altar.

Om Sri Bhagavan Sri Sathya Sai Babaaya

Ich verneige mich vor Bhagavan Sri Sathya Sai Babaaya.

»Es gibt überhaupt keinen ›Atheisten‹, denn selbst diejenigen, die Bhagavan leugnen, lieben jemanden oder etwas, verlangen nach Frieden und Freude. Diese Liebe, dieser Friede, diese Freude ist Gott, Bhagavan. Das Göttliche in uns sucht nach Gott.«

»Er, der den Ursprung und das Ende eines jeden Wesens kennt, sein Kommen und sein Gehen, er ist Bhagavan. Er, der der Meister und Herrscher über Avidya (Unkenntnis) und die Quelle von Vidya (Wissen) ist, auch er ist Bhagavan!« Darum schließen die 108 Anrufungen mit diesem Namen des Herrn.

»Om Sri« muß vor jedem Namen ausgesprochen werden. »Om« ist der erste Laut, der durch jeden Wandel in der gesamten Schöpfung besteht. Sri bedeutet Herrlichkeit in all ihren Aspekten.

»Om« durchdringt das gesamte Universum. Es ist der heiligste Laut der Veden. In den Upanishaden heißt es: »Der Leib ist der Bogen, die Silbe ›Om‹ der Pfeil, das Manas seine Spitze, die Finsternis des Nichtwissens (Avidya) das Ziel. Indem man die Finsternis durchbohrt, gelangt man zu Vidya, dem nicht mit Finsternis Behafteten.«

»Nama« heißt sich verbeugen, neigen, ehrfurchtsvoller Gruß. Das Verbeugen vor dem Göttlichen bzw. einem seiner Symbole, sowohl des immanenten wie auch des transzendenten Göttlichen Prinzips wird Namaskar genannt – Namaste. Es bedeutet auch Niederwerfung, das Beugen des kleinen Ich vor dem Höheren Selbst. »Nicht mein, sondern Dein Wille geschehe.« Um diese völlige Hingabe zu zeigen, wird die Erde oder der Boden mit acht Körperteilen berührt, mit den Füßen, den Knien, den Handflächen, dem Oberkörper, der Stirn, dem Blick, während das Wort »Namah« ausgesprochen wird. Beim Sonnengebet, dem Surya-Namaskar, das aus einem Zyklus von 12 Körperübungen besteht, spricht der Übende mit seinem ganzen Körper dieses Namaskar aus.

Eine andere vorgeschriebene Haltung sind die vor der Brust aneinandergelegten Hände. Dabei berühren sich die fünf Finger. Sie symbolisieren die fünf Karmendriyas – die Organe des Handelns: Sprache, Hände, Füße, Phallus und Rektum; und die fünf Organe des Wissens – Jnanendriyas: Ohren, Haut, Augen, Zunge und Nase. Unsere Medien des Handelns und Wissens werden mit dieser symbolischen Geste des Händefaltens dem Göttlichen zu Füßen gelegt.

»Namah« ist der äußere Ausdurck der inneren Hingabe. Der negative Pol (Mayashakti) und der positive Pol (Mahashakti) treffen bei dieser Berührung zusammen, damit ein geistiger Strom entstehen kann, der durch uns hindurchfließt. Geist wird zu Materie. Materie wird zu Geist. Der einfache Ritus des Namaskar ist eine in Indien seit Jahrtausenden traditionelle Begrüßungsgeste. Welch größeren, würdevolleren und sinnvolleren Gruß könnte man ausführen, wenn zwei Menschen sich begegnen?

Das Zusammenbringen der beiden Hände soll im Herzen Respekt, die Ehrerbietung für das Gegenüber wecken. Die Geste macht bewußt, daß wir im anderen das Göttliche erkennen, im Gegenüber unser eigenes Selbst entdecken und uns vor diesen in aufrichtiger Hochachtung verbeugen.

Namaste symbolisiert die Vereinigung von Geist mit Materie. Materie nimmt den Geist auf, empfängt ihn und läßt sich von ihm beleben und wird sich dadurch ihrer selbst bewußt. So kann der Mensch über den Geist durch die Materie in die Mysterien seiner Inneren Welt schauen.

Namaste drückt die eine Wahrheit aus, nicht zwei. Zwei verschiedene Hände werden zwar zusammengebracht, aber zu einer Einheit, direkt über unserer Mitte, dem Herzen, verschmelzen für kurze Zeit mit dem Selbst als die Einheit, in die alle Verschiedenartigkeit mündet. Die rechte Hand entspricht Tath (das Unsichtbare, allem zu Grunde liegende universelle Absolute), dem Param-Atman. Die linke Hand symbolisiert Twam (das Sichtbare, das Einzelne, das Begrenzte), den Jiv-Atman. Diese Geste soll die Einheit von diesem und jenem, von Tath und Twam, von allem, was außerhalb und zugleich in uns ist, bewußt erleben lassen.

Das Namaskar ist das Mudra, die symbolische Geste von »Aham Brahmasmi« – »Ich bin Brahman« der Jivatma ist Paramatma. Wie so viele traditionelle, symbolische Formen ist Inhalt und Bedeutung von Namaste dem heutigen Menschen verlorgen gegangen. Meist führt er diese Geste ohne Bewußtheit aus, ohne Gefühl und Respekt. Dabei könnte es eine kurze, aber höchst effektvolle Meditdation sein, integriert in tägliche Praxis.

Zum Schluß ein Vers, den Millionen Inder vor dem Namaskar sprechen. Er drückt die vollkommene Hingabe an das Göttliche aus:

Du bist meine Mutter,
Du bist mein Vater,
Du bist mein Blutsverwandter,
Du bist mein Freund,
Du bist meine entwickelte Intelligenz,
Du bist mein Reichtum, meine Kraft,
mein Mut und meine Macht!
Du bist mein Alles, o Gott der Götter!

Nachdem das Wort »Namah« ausgesprochen wurde, sollen diese Worte und seine tiefste Bedeutung noch im Geiste schwingen. So kann es in die Tiefen des Unterbewußtseins sinken, dort weiterwirken, die Höhle des Herzens reinigen und den Betenden zum Gebet selbst werden lassen.

Dritter Teil

»Prema – Liebe ist der eigentliche Geburtsort
von
Sathya – Wahrheit.
Liebe ist die wahre Basis von
Dharma – Rechtschaffenheit und
Ahimsa – Gewaltlosigkeit. Sie führt zu
Shanti – Frieden.
Liebe ist Gott.
Gott ist Liebe.«

Sri Sathya Sai Baba

Fünf Grundprinzipien

Die Grundprinzipien der Lehre von Sri Sathya Sai Baba sind: Sathya, Dharma, Ahimsa, Prema, Shanti.

Sathya – Wahrheit, ist der elektrische Strom. *Dharma* – Ordnung, Rechtschaffenheit, ist die Leitung, durch die der Strom fließt. *Shanti* – Frieden, ist die Glühbirne, die ihn in *Prema* – Liebe verwandelt.

Sai Baba erklärt:

»In der Welt des Menschen sind die fünf Eigenschaften – Sathya, Dharma, Ahimsa, Prema und Shanti – mit den fünf Pranas, den fünf ›lebensspendenden Kräften‹ zu vergleichen. Die wichtigste unter ihnen ist Prema – die Liebe, die jeder in seinem Herzen entwickeln soll. Sie ist die Basis von Weisheit. Sie reflektiert die Wahrheit. Wahrheit, Rechtschaffenheit, Gewaltlosigkeit und Frieden können nicht getrennt voneinander existieren. Sie alle hängen ganz entscheidend von der Liebe ab. Wenn Liebe sich in Form von Handlungen manifestiert, wird sie zu Rechtschaffenheit – Dharma. Wenn man Liebe versteht, wird sie automatisch zu Frieden – Shanti. Die wahre Bedeutung des Wortes Liebe ist Frieden. Liebe zu praktizieren ist Rechtschaffenheit. An Liebe zu denken ist Wahrheit. Das beständige Denken an Liebe wird zu Gewaltlosigkeit. Unter Wahrheit, Gewaltlosigkeit, Frieden und Rechtschaffenheit fließt Liebe wie eine Strömung unter der Wasseroberfläche. Im Bhakti-Yoga ist Liebe das wichtigste Element. Sathya (Wahrheit) beschränkt sich nicht auf die Ebene der Worte allein. Sathya muß ebenso unsere Gedanken und Taten durchdringen. Nur wenn wir Wahrheit und Liebe in unseren Handlungen verwirklichen, werden diese zu Dharma – Rechtschaffenheit. Nur wenn wir wahre Liebe entwickeln, werden wir uneingeschränkten Frieden erlangen.«

»Sathya ist so lebenswichtig wie das Atmen selbst. Es gibt nichts Erhabeneres als die Wahrheit. Prema aber ist der wahre Atem des Lebens.«

»Hier in Indien sind jene fünf Leitprinzipien – Sathya, Dharma, Ahimsa, Prema, Shanti aufgestellt und über Jahrtausende hinweg überliefert worden. Trotz der verschiedensten Widrigkeiten ist dieses Land reich an Tradition und Überlieferung. Obwohl hier zu allen Zeiten verschiedene Kasten und Religionen nebeneinander existierten, hat Indien das Prinzip der Einheit in der Vielfalt der Erscheinungen erkannt. Jene aber, die nicht in der Lage sind, die Bedeutung dieser Tradition zu verstehen, geben dem Volk dieses Landes verschiedene Interpretationen und Mißinterpretationen. Unsere reiche Kultur proklamiert das große Göttliche Prinzip, daß den verschiedenen Kasten und Religionen eine fundamentale Einheit zu Grunde liegt. – Eine Apfelsine besteht aus verschiedenen Stücken, die aber alle umhüllt sind von ein und derselben Schale.«

»Indien ist wie eine Lokomotive, die durch die Kraft von Prema, reiner Liebe, alle anderen Nationen auf den Geleisen von Sathya und Dharma zur Endstation Shanti zieht.«

Sathya – Wahrheit.

»Ich bin die Wahrheit und die Wahrheit hat es nicht nötig, zu zaudern, sich zu fürchten oder sich zu beugen.«

»In der Bhagavad-Gita heißt es: ›Wir müssen die besondere Wahrheit erkennen, daß sich diese Welt fortwährend verändert.‹ In der Welt der Phänomene unterliegt jede Person und jedes Objekt der Veränderung.

Die Welt besteht aus drei grundlegenden Arten von Veränderung: dem Wachstum, dem Leben und dem Prozeß des Verfalls. Diesen Veränderungen sind Dinge und Objekte primär ausgesetzt. So lehrt die Bhagavad-Gita, daß es falsch sei zu glauben, die vergängliche, kurzlebige Welt sei beständig, ebenso sei es falsch, sich an sie zu binden. Loslösung von dieser Welt aber bedeutet nicht, alles hinter sich zu lassen, in den Wald zu gehen und das Leben eines Mönchs anzunehmen, sondern vielmehr zu erkennen, daß die Welt nur die Bühne für viele natürliche Veränderungen ist, die dem Wesen der Welt angeboren sind.

Diese Veränderungen, die in allen Objekten der Schöpfung ablaufen, sind nicht künstlich. Sie sind keine Einbildung. Sie sind natürlich und gehören zur wahren Natur der Objekte. Sie sind Teil der Wahrheit. Man könnte auch sagen, Sathya sei das Übungsfeld auf dem Weg zur absoluten Wahrheit, zu Atma.«

»Vairagya – die Loslösung von der Bindung an die Welt der Phänomene bedeutet, sich innerhalb der Grenzen von Zeit und Raum der Objekte der Welt zu erfreuen, ohne sich an sie zu binden, während wir erkennen, daß diese Welt ein Aspekt der Wahrheit ist.«

»Das Leben während der Tageszeit ist ein Tagtraum. In der Nacht ist es ein Nachttraum. Beides ist Illusion, da diese Welt eben aus Illusion (Maya) besteht. Und doch existiert ihr auf beiden Ebenen, sowohl im Traum, als auch in der Wachheit. Da ihr in diesen beiden Stadien lebt, kann man sagen: Ihr seid die Wirklichkeit, ihr existiert. Das ist die Wahrheit. Wenn ihr den Schlüssel in das Schloß steckt und ihn nach rechts dreht, öffnet sich das Schloß, dreht ihr ihn nach links, so wird die Tür verschlossen. Schloß und Schlüssel sind in beiden Fällen dieselben. Die unterschiedliche Wirkung ist auf die Richtung zurückzuführen, in die ihr den Schlüssel dreht. Unser Herz kann mit dem Türschloß verglichen werden. Dreht ihr eure Wahrnehmung in Richtung der absoluten Wahrheit (Atma), dann werdet ihr Befreiung (Moksha) erlangen. Dreht ihr sie nur in die Richtung der objektiven Welt, werdet ihr euch darin verstrikken.«

Sathya Sai Babae erklärt, daß die unveränderliche, absolute Wahrheit immer die gleiche ist, dauernd und unberührt durch Veränderung, ob in der Vergangenheit, Gegenwart oder Zukunft, ob im Wachen, im Traum oder im Tiefschlaf: Wahrheit ist in der Vergangenheit und in der Gegenwart dieselbe. Und sie wird ebenso dieselbe in der Zukunft sein. Der Zeitablauf von Vergangenheit, Gegenwart und Zukunft ist nur Einbildung (Maya). Atma aber ist zeitlos, jenseits der Zeit. Atma ist wirklich. Es ist die zentrale Wahrheit.

Wenn der Wachzustand transzendiert ist, kann man auch ihn als Traum erkennen. Eine Lebensspanne im Wachzustand hat vom transzendentalen Zustand aus gesehen nur einige wenige Augenblicke gedauert. Der Wachzustand wird dann als Traum erkannt und der Traumzustand als ein Traum im Traum. Der Traumzustand ist die Unwirklichkeit in der Wahrheit. Der Wachzustand ist Wahrheit in der Unwirklichkeit und der transzendentale Zustand ist Wahrheit (Sathya) in der Wirklichkeit. Das »Ich« wird im Traum für den Körper gehalten, im Wachbewußtsein für den Verstand und das Gemüt. Im transzendentalen Bewußtsein ist das »Ich« Atma.

»Die Idee von Wahrheitssuche ist ein Irrtum. Jeder kennt bereits die Wahrheit. Wir müssen uns nur wieder an sie erinnern, sie praktizieren, verkörpern!«

Dharma – Rechtschaffenheit, Ordnung.

»Dharma ist das Prinzip der göttlichen Ordnung. Dharma bedeutet Wahrheit in Worten und Wahrheit und Liebe im Herzen. Dharma – Ordnung in Gedanken, Worten und Taten müssen übereinstimmen.«

»Gott schuf dieses Universum aus seinem eigenen Willen. Er stellte verschiedene Regeln für seine Erhaltung und einen reibungslosen Ablauf auf. Es gibt Regeln für das korrekte Verhalten eines jeden Wesens. Diese Regeln stellen das Dharma dar.«

»Jedes einzelne Objekt in der Welt hat sein eigenes spezielles Dharma, seine Einzigartigkeit, seine Pflicht, seine Natur. Dharma wurde nicht irgendwie von außen hereingebracht, noch kann es beseitigt werden. Es ist eure eigene Natur, eure Einzigartigkeit. Ihr erfüllt es, indem ihr ihr selbst seid. Das Gesetz Gottes wird Dharma genannt. Der Mensch kann zu seinem göttlichen Ursprung zurückfinden, wenn er dieses Dharma lebt, d. h., sich als Instrument Gottes betrachtet, sich dem Göttlichen in der Welt hingibt, und sich nicht davon zurückzieht. Durch Liebe könnt ihr euch Gott nähern und in seiner Gegenwart baden.«

»Dharma ist für alle gleich. Es gibt kein Dharma für Inder und ein anderes für die Menschen im Westen. Dharma ist universal. Es gibt nur einen Maßstab, der für jede Handlung angewendet werden kann und durch den ihr bestimmen könnt, ob sie Dharma entspricht. Was ihr auch tut, es darf niemals einem anderen schaden oder ihn verletzen. Dieses Gebot fließt aus der Erkenntnis, daß das Licht, das das Göttliche repräsentiert, in jeder Form dasselbe ist. Wenn ihr also einem anderen schadet, dann schadet ihr dem gleichen Licht, der gleichen Energie, die ihr selbst seid. Dharma befähigt euch, zu der Erkenntnis zu kommen, daß alles, was schlecht für ein anderes Wesen ist, auch schlecht für euch selbst ist.«

Ahimsa – Gewaltlosigkeit.

»Ahimsa ist eine der wichtigsten spirituellen Disziplinen. Ahimsa zu praktizieren bedeutet z. B., die Zunge unter Kontrolle zu bringen. Die Zunge hat als einziges Sinnesorgan eine doppelte Fähigkeit: die des Sprechens und die des Schmeckens. Wenn sie richtig kontrolliert wird, ist es unnötig, eine besondere Kontrolle über die anderen Sinnesorgane auszuüben. Beherrschung der Zunge ist der königliche Pfad der Disziplinen. Im Bhakti-Yoga, dem Weg der Hingabe, wird gelehrt, Zunge, Nahrung und Wort in richtiger Weise zu gebrauchen. Zügelloses, unkontrolliertes Essen ist für den Sadhaka ebenso schädlich, wie der unbewußte Gebrauch der Sprache.«

»Weil der Mensch bislang nicht in der Lage war, seine Zunge zu kontrollieren, leidet er häufig unter Zweifel, emotionalen Verwirrungen und Chaos. Ein anderes Wort, die Kontrolle der Zunge zu beschreiben, ist Schweigen. Schweigen ist die Sprache des spirituell Suchenden. Die Stimme Gottes kann nur dann im Herzen gehört werden, wenn die Zunge zur Ruhe gekommen ist, der Sturm sich gelegt hat und die Wogen sich geglättet haben. Dieses Schweigen jedoch bezieht sich nicht nur auf die Kontrolle der physischen Zunge, sondern meint auch die Übung, Gedankenstille zu entwickeln.«

»Unser Körper kann mit einem Radio verglichen werden. Unsere Intelligenz ist der Schalter. Unser Geist entspricht den Liedern, die in Form von Worten herauskommen. Die uns innewohnende göttliche Energie wird durch solche Lieder und Worte verbraucht. Vom Morgengrauen bis zur Abenddämmerung spricht der Mensch unaufhörlich, nicht nur nach außen, sondern auch in sich hinein. Letzteres ist zu vergleichen mit dem Spielen des Radios auf niedrigster Lautstärke. Die Energie aber wird trotzdem verbraucht, genauso wie die Elektrizität im Beispiel des Radios, egal ob es leise oder laut spielt. Wahres Schweigen bedeutet, daß wir uns darin üben, keine unkontrollierten Gedanken mehr in unserem Geist herumwirbeln zu lassen.«

»Die Sprache hat volle Durchschlagskraft auf den Denkprozeß. Sie hat gewaltige Kraft, kann das Herz eines Menschen brechen, kann ihn sogar töten. Ist das Herz aber einmal durch Worte verletzt worden, so kann das eine Wunde verursachen, die kein Arzt der Welt heilen kann. Und früher oder später werden jene ausgesprochenen Worte zurückkehren. Worte haben außergewöhnliche Macht. Sie können Kummer oder Freude verursachen. Sie können sogar die ganze Welt zerstören. Die Zunge hat diese beiden im Gegensatz zueinander und einander widersprechenden Wirkungen unter Kontrolle.«

Prema – Liebe.

»Ich bin gekommen, um jedem zu helfen, die Quelle der Liebe in seinem eigenen Inneren zu finden.«

»Wo Liebe im Spiel ist, da hat sich Gott geoffenbart. Denn Gott ist Liebe und nur Liebe führt zu ihm. Liebe ist der Schlüssel zu Sathya, Dharma, Ahimsa, zu ewigem Frieden und ewiger Glückseligkeit. Der Pfad der Liebe ist der königliche Pfad, der die Menschheit zu mir führt. Ich bin in jedem Herzen. Denn das ist der Tempel, in dem ich wohne.«

»Liebe ist das, was wächst, je mehr davon man gibt. Liebe – die stärkste Kraft – belebt und verbindet die gesamte Schöpfung. Sie kennt keinen Unterschied, weder zwischen dem Geliebten, noch dem Liebenden. Sie durchdringt das gesamte Universum. Sie schöpft, erhält und zerstört. Das Erleben der Liebe bedeutet, das Göttliche (Atma) in sich gefunden zu haben.«

»Ein Herz, das keine Liebe kennt, ist wie ein Tempel ohne Licht. Ohne Liebe ist das Leben nicht wert, gelebt zu werden. Ohne Liebe ist das Leben gar kein

Leben. Versucht, das Wesen der Liebe zu verstehen. Die Gnade Gottes kann nicht durch »Verstandes-Gymnastik« gewonnen werden, auch nicht durch Yoga-Übungen oder Asketentum. Liebe allein kann sie gewinnen. Wie kann ein Mensch, der sich nicht selbst vertraut, an das Göttliche glauben? Wir müssen zuerst an den Menschen, an uns selbst glauben. Und wer an den Menschen glaubt, glaubt an Gott. Denn der Mensch ist Gott und Gott ist Mensch. Die Liebe überbrückt den Abstand zwischen diesen beiden Wesenheiten.«

»Wenn ihr mich wirklich liebt, liebt ihr alle, denn ich bin in jedem. Jeder Mensch trägt mein Bild. Jedes Wesen bin ich. Wenn ihr euch einem anderen in Haß zuwendet, wird sich dieser Haß gegen euch selbst richten. Wenn ihr euch einem anderen in Liebe zuwendet, gilt diese Liebe euch selbst. Es gibt nur einen Gott und dieser Gott ist allgegenwärtig. Alle Religionen beschreiben ihn als Liebe und die Liebe als den Weg zu ihm. Und diese reine, erhabene Liebe besiegt alle Widerstände, wie groß an Gestalt und Vielzahl sie auch sein mögen – Liebe, die sich für den Alles-Liebenden verströmt, Liebe, die unerschütterlich ist, die nicht nach Lohn fragt, Liebe um der Liebe willen, Liebe, weil es ihre Natur ist, zu lieben. Liebe allein kann diese Welt schützen, ohne Liebe geht sie verloren.«

»Liebe ist kein Gegenstand, den man jemandem verleihen oder den man sich von jemandem ausborgen kann. Viele betrachten die Liebe gewöhnlich als Beziehung zwischen zwei Individuen oder als Zuneigung für materielle Gegenstände, als eine äußerliche, oberflächliche Annehmlichkeit, die zwischen zwei Menschen, oder zwischen Menschen und der materiellen Welt besteht. Das ist eine Form der Liebe, die lediglich den eigenen Interessen dient.«

»Liebe, die heilig, vollkommen und rein ist, trägt keine Spur von Selbstsucht. Sie trachtet nicht nach den Früchten des Handelns. Bedingungslose Liebe, die nicht nach Belohnung schielt und nicht von Selbstsucht motiviert ist, ist göttliche Liebe. Und diese göttliche Liebe ist ihrem Wesen nach rein. Sie nimmt jedoch entsprechend dem Behälter, durch den sie sich offenbart, unterschiedliche Formen, wie z. B. Selbstsucht oder Selbstlosigkeit an. Nur beständige, selbstlose und erhabene Liebe kann wahre Liebe genannt werden, die edelste aller Tugenden. Ein anderer Name für diese Liebe ist Mitgefühl und Barmherzigkeit, ewige Glückseligkeit.«

»Liebe ist Strahlkraft. Liebe ist das Leben selbst. Liebe ist Gott. Und dieser Gott der Liebe ist durch das Mittel der Liebe selbst zu erfahren, durch reine, bedingungslose Liebe. Der Mensch jedoch versteht die Reinheit der Liebe nicht. Er gibt sie verzerrt wider, legt sie unterschiedlich aus und gerät dabei in Verwirrung. Diese Verwirrungen sind nur Folgerungen der eigenen Vorstellung von Liebe, die verschiedene Formen angenommen hat: Im stillen Wasser spiegelt sich das Bild des Mondes ruhig und naturgetreu wider. Wird das Wasser bewegt, ist auch das Bild des Mondes verzerrt und verschwommen. Wenn das Wasser verschmutzt ist, erscheint auch das Bild des Mondes schmutzig. Diese Unreinheit liegt in der Beschaffenheit des Wassers – den Mond selbst berührt es nicht.«

Die Gopis sangen zu Krishna: »O Gott, mach, daß wir diesen Acker – unser Herz – so bearbeiten, daß er die Samen der Liebe aufnehmen kann, laß aus diesem Samen Pflänzchen der Liebe werden, begossen vom Regen der Liebe, der im Laufe der Zeit zu einem Fluß der Liebe wird und alles mit Liebe überflutet.«

Shanti – Frieden.

»Euer eigentliches Wesen sucht nach etwas, von dem es weiß, daß es ihm abhanden gekommen ist: Shanti (Frieden) – den inneren Frieden. Es sucht nach Befreiung. Im Innersten seines Herzens sehnt sich jeder danach. Shanti ist nur in einem Laden erhältlich – und der heißt Kontemplation, innere Schau über das Höchste Selbst, die Basis für alle Erscheinungen.«

Solange jedoch Egoismus vorhanden ist, können wir weder Frieden, noch Glückseligkeit erfahren. Der Weg zum Frieden, weg von der Macht der Täuschung (Maya), führt über drei Stufen:

1. Dualismus – Dvaitha
2. Qualifizierter Non-Dualismus – Visishtaadvaitha
3. Non-Dualismus – Advaitha

Auf der ersten Stufe gibt es zwei Wesenheiten: die eine ist Gott, die andere ist der Mensch. Er versucht sich dem Göttlichen, das er noch als getrennt von sich betrachtet, anzunähern. Dvaitha, der Dualismus, ist mit einem kleinen Kreis zu vergleichen, der außerhalb eines großen Kreises existiert.

Im qualifizierten Non-Dualismus befindet sich der kleine Kreis bereits innerhalb des großen Kreises. Der Mensch ist bereits Teil des Göttlichen geworden. Der kleine Kreis wird nun immer größer und größer, dehnt sich aus, bis er zuletzt eins wird mit dem großen Kreis. Das ist das Bewußtsein des Non-Dualismus (Advaitha).

Diese dritte Stufe charakterisiert die Einstellung: »Ich bin du, du bist ich« oder aber, wie es für das Christentum im Neuen Testament geschrieben steht: »Der Vater und ich sind Eins«. Wir beginnen auf der Ebene des Dualismus, dort, wo wir das Göttliche als getrennt von uns erleben. In unserer Hingabe an die verschiedenen Aspekte des Göttlichen werden wir mehr und mehr zu diesen Eigenschaften selbst, bis wir letztlich in das göttliche Prinzip vollkommen eingehen. Atma und Param-Atma werden eins. Der Vater und ich sind Eins. Diese dritte Stufe ist die Verschmelzung mit der absoluten Wahrheit. Sie mündet in Shanti, höchstem Frieden und ewiger Glückseligkeit.

»Prema (Liebe) ist der eigentliche Geburtsort von Sathya (Wahrheit). Liebe ist die wahre Basis von Dharma (Rechtschaffenheit) und Ahimsa (Gewaltlosigkeit). Sie führt zu Shanti (Frieden).«

Das Göttliche ist Eins.
Es wurde Viele. Es hat Namen und Formen angenommen, denn ohne durch das Wissen von Namen und Formen zu gehen, könnten wir nicht die Höchste Stufe der Wirklichkeit erfahren.

Sathya Sai Baba

Wissenschaft, Weisheit und Wirklichkeit

Wissen – Wissenschaft – Weisheit – Wirklichkeit

Sai Baba unterscheidet zwei Arten von Wissen. Die eine bezieht sich auf die spirituelle Ebene, die andere auf die physische. Wissenschaft bezieht sich auf die physische Ebene, Weisheit auf die spirituelle. Wissenschaft bedeutet, die Natur einer Sache oder eines Gegenstandes zu hinterfragen. Spiritualität ist das Wissen um innere Prinzipien, das Erkennen der Wirklichkeit.

»Je mehr Wissen der Mensch sich aneignet, je umfangreicher seine Ausbildung wird, desto umfangreicher werden seine Wünsche und Bedürfnisse. Ohne Zweifel kann so jemand zu einem Weltmeister im Reden von leeren, bedeutungslosen Worten werden. Sollte es jedoch zum Handeln kommen, mag er sich als großer Versager erweisen. In vieler Hinsicht ist Wissenserwerb nützlich. Welchen Vorteil bringt jedoch übermäßiges Wissen, wenn nicht einmal ein Bruchteil davon in Taten umgesetzt wird?«

»Wissen bedeutet nicht, allein wissenschaftlich gebildet zu sein, sich Bücherwissen angeeignet zu haben. Wissen geht viel tiefer. Es ist die Weisheit, die über Bücher hinausgeht, jenes Wissen, das die Begrenzungen von Zeit, Raum und Ort überschreitet. Ganz gleich, zu welchem Zeitpunkt man in welchem Lande sein mag, die letzte Wirklichkeit existiert überall und immer. Die Veden, voller Weisheit und Wissen, sind eine Offenbarung dieser Wahrheit in reinster Form.«

»Der Inhalt von Büchern spricht den Geist, den Intellekt an. Das Wissen um die Wirklichkeit dahinter aber berührt das Herz, bewirkt die Transformation des Herzens. Es ist Weisheit in höchster Form. Wahres Wissen (Vidhya) ist nicht auf den Verstand oder Schriften beschränkt. Lernmethoden, die nur den Weg vom Buch zum Verstand kennen, sind wie eine Einbahnstraße. Aber genau solche Methoden haben die meisten Menschen der heutigen Zeit besonders gut perfektioniert. Wir sollten vielmehr das Herz in den Lernprozeß mit einbeziehen. Höchstes Wissen sollte zu einem Bestandteil unseres gesamten Wesens werden, mit unserem Wesen verschmelzen. Nur so können unsere Gedanken, Worte und Taten übereinstimmen.«

»Ihr Wissenschaftler habt ein verzerrtes Bild vom Leben. Ihr betrachtet nur die Dinge, die vergänglich sind. Wissenschaftler glauben, wichtige Gesetze zu entdecken und dabei etwas über die Wirklichkeit zu erfahren. Aber über das wirklich wichtige Wissen, das den Sinn des Lebens betrifft, wissen sie wenig. Der Wissenschaftler sieht immer nur nach außen und fragt: ›Was ist das?‹ Der Weise jedoch schaut nach innen. Seine Frage ist: ›Was ist DAS?‹ Erst dann jedoch, wenn Ich und DAS verschmelzen und zum ›Tat Twam Asi‹ (DAS bist du) werden, wird Wissenschaft zur Weisheit. Um diese Weisheit zu erfahren, haben sich die Menschen in alten Zeiten auf die Weisen verlassen. Heutzutage verlassen sie sich auf Maschinen und deren Berechnungen. Die Experten auf dem Gebiet der Maschinen werden Wissenschaftler genannt.«

»Die Wissenschaft ist fragmentarisch. Ihre Annäherung an die Realität geschieht durch Maya (Illusion), ein höchst gefährliches Verfahren. Ungefähr alle 10 Jahre wird das, was für wahr erklärt wurde, verworfen und auf Grund neuer Forschungsergebnisse abgeändert. Wissenschaft ist durch die Sinne begrenzt. Der Geist aber transzendiert die Sinne. Die Wirklichkeit liegt jenseits der Sinne, jenseits von Zeit und Raum, jenseits der Welt der Phänomene. Wissenschaft ist außen, Weisheit ist innen. Wenn der Mensch sich nach außen wendet, erfindet er Maschinen. Damit endet sein Können.«

Der amerikanische Wissenschaftler Samuel Sandweiss beschreibt in seinem Buch »Der Heilige und der Psychotherapeut« seine Begegnung und Erfahrung mit Sai Baba. Vor jener Begegnung sah er sich als Zweifler, als rational denkenden und von Beruf aus skeptischen Menschen. Er erwähnt, daß es Gesetze gibt, die unsere Existenz regeln, denen wir zu folgen haben, Gesetze, die viel realer und zugleich tiefer sind, als naturwissenschaftliche Gesetze. Er erfuhr eine Ebene der Wirklichkeit. Das Ergebnis aus dieser Schau einer höheren Wirklichkeit war eine überraschende und plötzliche Veränderung seiner selbst. Er erkannte die Begrenztheit des Verstandes, dem die meisten Wissenschaftler den Vorrang geben, der aber jede tiefere Erkenntnis der Wirklichkeit stark limitiert. So betont Sandweiss, wie wichtig es ist, über den Verstand hinauszugehen, um tiefer in das eigentliche Wesen unserer Existenz tauchen zu können. Jene höheren Ebenen der Wirklichkeit sind mit dem Verstand einfach nicht meßbar. Der Verstand ist ein Hindernis, das es zu überwinden gilt, wenn man zum Kern seiner eigenen Natur vordringen will.

Er erkannte die Identifikation von Selbst mit Verstand durch die westlichen Verhaltensforscher als das Resultat einer einseitigen Sicht der Wirklichkeit. Dabei vergleicht er die begrenzten Möglichkeiten der modernen westlichen Psychotherapie mit der östlichen Praxis der Meditation. Sehr konkret verdeutlicht er die Unterschiede zwischen Ost und West hinsichtlich der Einstellung zu Verstand und Selbst. Westliche Analytiker beobachten Gedanken und Gefühle, um ihnen nachzugehen. Meditation hingegen führt über den Verstand hinaus, transzendiert Gedanken und Gefühle. Der Meditierende ist sich des Zeuge-Seins bewußt, völlig auf das Hier und Jetzt konzentriert, kann er eine tiefere Erfahrung seines Wesens erleben?

Den gehirnwindungsreichen intellektuellen Maßnahmen vieler Therapeuten stellt Sandweiss Liebe und Spiritualität als Heilkraft aller Therapien gegenüber.

Sai Baba erklärt, was die Wissenschaft weiß, ist im Vergleich zu der Unendlichkeit dessen, was zu wissen bleibt, mikroskopisch begrenzt. Das Atom: »Ohne es existiert nichts. Alle besteht aus Atomen. Auch der Mond besteht aus einer Ansammlung von Atomen. Sie sind aktiv, niemals inaktiv. Durch die Atome ist das ganze Universum aktiv. Wo kommt diese Energie her? Elektronen, Neutronen, Protonen – wo kommt dieses Wissen her? Die Wissenschaftler fragen, wie diese Dinge vor sich gehen. Aber sie fragen nicht warum! Die Antwort auf das Warum führt zum Ursprung allen Seins, zum Göttlichen. Die Grundenergie ist Shakti. Jede andere Energieform ist eine Ableitung davon. Wo also kommt die Atomenergie her? Es ist göttliche Energie.«

Bis zu einem bestimmten Punkt hilft die Wissenschaft und leistet der Menschheit gute Dienste. Der Weise aber weiß, was die Wissenschaft nicht weiß. Er lebt auf einer Ebene außerhalb der Reichweite des Verstandes. Nicht alles, was er weiß, kann auf dieser Ebene verständlich gemacht werden. Wenn zuviel Strom fließt, brennt die Birne durch. Wissen wird entsprechend der Aufnahmefähigkeit gegeben.

»Wissenschaftler versuchen seit mehreren Jahren, mich dazu zu bringen, mich für Versuche mit Drähten und elektronischen Meßgeräten zur Verfügung zu stellen. Ich lud die Wissenschaftler mit folgenden Erklärungen ein: Laßt die Wissenschaftler kommen, und ich werde sie transformieren. Der spirituelle Weg liegt jenseits der Materie. Das Materielle ist mit

Leid verbunden. Haben die großen Wissenschaftler Mitgefühl und inneren Frieden? Weisheit ist – Verbindung des Spirituellen mit dem materiellen Leben. Spirituelles Leben ist Qualität. Weltliches Leben ist Quantität. Wissenschaftler können sich nur transformieren, wenn sie Spiritualität erkennen. Meist aber beschäftigen sie sich z. B. mit Physik. Weisheit aber beginnt dort, wo die Physik aufhört. Physik ist nützlich. Sie besteht jedoch nur aus ›Information‹. Spirituelles Leben bedeutet ›Transformation‹.«

»Wissenschaftler versuchen durch wissenschaftliche Methoden und Maßstäbe sich davon zu überzeugen, daß Wunder wirklich Wunder sind. Welchen Gewinn hat die Welt davon? Ihr Verständnis ist so gering. Sie könnten mich niemals mit ihrem gesamten Laborwissen ermessen. Denn selbst das Verständnis ihrer eigenen Wissenschaft ist ungenügend.«

»Alles braucht seine Zeit. Die Wissenschaft konsolidiert ihre Ergebnisse nur schrittweise, obgleich sie weiß, daß es etwas gibt, das nicht gesehen werden kann, das nicht sichtbar ist.«

Und doch ist dies eine Zeit großer Fortschritte auf dem Gebiet der modernen Wissenschaften, in der es einige berühmte Menschen gab und gibt, welche die fundamentale Verbindung zwischen moderner Wissenschaft einerseits, sowie Spiritualität und uralten Weisheiten andererseits verstanden haben. Newton z. B. war der erste, der eine Erklärung für die Anziehungskraft der Erde gefunden hat. Er besaß die Weisheit und die Demut zu erkennen, daß die Schwerkraft schon immer vorhanden war. So sagte er: »Ich habe das Gesetz der Schwerkraft entdeckt, aber ich habe es nicht geschaffen!« Er war fest davon überzeugt, daß hinter allem eine höhere Macht steht.

Einstein war eine weitere hervorragende Persönlichkeit, die durch ihre Forschungen tief in die Geheimnisse der Natur eindrang. Einstein entdeckte schließlich, daß das Konzept der Spiritualität in jeglicher Materie vorhanden ist.

Heisenberg ermöglichte bahnbrechende Fortschritte in den modernen Naturwissenschaften. Er suchte unentwegt nach der grundsätzlichen Verbindung zwischen Wissenschaften und Spiritualität. Durch seine Forschungen erfuhr er die tiefe Beziehung zu den Yoga-Stars, die er folgendermaßen zusammenfaßte: »Meistere dein Denken und Fühlen, sei ein Meister-Denker!«

Auch Schrödinger entdeckte, als er die Beschaffenheit von Wasserstoff erforschen wollte, daß Spiritualität die Grundlage jeglicher Wissenschaft ist. Somit gibt es auch unter den Wissenschaftlern von heute einige Weise, die eine engstirnige, begrenzte Betrachtungsweise der Dinge überwunden haben und so die wesentliche Verbindung zwischen Wissenschaft und Spiritualität erkennen und akzeptieren. In diese Reihe von Persönlichkeiten gehört auch Fritjof Capra, der eine Beziehung zwischen dem Atom und dem Wesen der Schwingungen entdeckte. In Bharat-Indien war es Vyasa, der die Wahrheit dieser Welt erkannte. »Sita, die göttliche Energie, durchdringt alles in Form von Schwingungen, welche die gesamte Welt und alle Elemente in Erscheinung treten lassen.«

Sai Baba: »Göttliche Weisheit ist keine Funktion des Verstandes oder der Intelligenz. Sie ist etwas, was darüber steht, etwas, das Zeuge selbst von der Tätigkeit der Intelligenz ist. Diese Weisheit zestört die Illusion über den ständigen Wechsel, der irrtümlicherweise mit Wirklichkeit verwechselt wird. Sie offenbart dem Menschen das Göttliche.«

»So, wie die Sterne bei Sonnenaufgang bis zur Unwirksamkeit verblassen, so verschwinden auch beim Aufsteigen der Sonne des Wissens und der Weisheit Kummer, Erregung und Unwissenheit.«

»Der Weise ist durch sich selbst glücklich, ohne von Dingen oder von anderen abhängig zu sein. Göttliche Wirklichkeit kennt weder Freude noch Leid. Es ist im vollkommenen Gleichgewicht. Ewige, unberührte, unwandelbare Weisheit, Demut und Losgelöstheit führen euch zu dieser Weisheit. Der Blick nach außen wird sich weiten, der Blick nach innen vertiefen.«

»Der Weise bringt seine Gedanken zum Schweigen, um in der Stille der Meditation die Wirklichkeit zu erfahren. In dieser Wirklichkeit gibt es keine Gedanken. Der Geist aber holt sich immer wieder die Gedanken von außen heran, um sich mit ihnen zu beschäftigen. Der Geist kann befreien oder versklaven. Er ist wie eine Schlange mit langen Giftzähnen. Wenn das Gift den Zähnen entnommen wird, besteht keine Gefahr. Gute und schlechte Gedanken und Impulse liegen wie die Saat in unserem Geist.«

»Der Geist allein hat kein Wissen. Die sogenannte Erziehung ist nur Buchwissen. Wissen muß mit Weisheit Hand in Hand gehen. Weisheit ist Liebe.

Der Intellekt ist bis zu einem gewissen Grade nützlich – für die Universitäten, die Wissenschaften usw. Aber von einer bestimmten Stufe an bleibt die Wissenschaft zurück, und Weisheit nimmt den ersten Rang ein. Hier ersetzt das Herz den Intellekt.«

»Intelligenz ist weder mit dem Verstand, noch mit den Gedanken gleichzusetzen. Sie ist Unterscheidungsvermögen, eine unmittelbare Kraft des Atma, Atma-Shakti. Der Geist ist von Natur aus rastlos. So wie es die Natur der Ratte ist, dauernd an etwas zu knabbern und die Natur der Schlange, dauernd nach etwas zu züngeln, ist es die Natur des Geistes, dauernd beschäftigt zu sein. Selbst wenn er ruhig ist, bleibt er in einer leichten Bewegung. Er ist wie eine Espe, deren Laub selbst an einem windstillen Morgen leicht zu zittern scheint. Es liegt in der Natur des Geistes, sich in Gedanken mit Dingen zu beschäftigen. Auch wenn man damit aufhören wollte, käme es nur sehr langsam zu einem Stillstand. Wenn man z. B. einen Ventilator abstellt, dreht er sich noch eine Weile weiter. Der Gedankenfluß kann jedoch in eine bestimmte Richtung gebracht werden, z. B. zum Ursprung unseres Wesens, zu unserer Göttlichkeit, so daß diese, statt nur eine Idee, ein Gedanke zu sein, erfahrbare Wirklichkeit wird.

Diese Erfahrung entspricht dem Platzen des Wasserbläschens, dem Eintauchen des Gedankens in das große Meer. Wasserbläschen und Gedanke werden eins mit dem unendlichen Ozean.«

»Das Wissen um das Selbst und das Wissen um Brahman sind ein und dasselbe. Das Wissen um die höchste Wirklichkeit ermöglicht dem Wissenden,

Einheit in der Vielfältigkeit zu erfahren. Eine im weltlichen Wissen gebildete Person wird erst durch die Kenntnis der letzten Wirklichkeit allwissend.«

»Das Göttliche ist Eins. Es wurde Viele. Es hat Namen und Formen angenommen, denn ohne durch das Wissen von Namen und Formen zu gehen, könnten wir nicht die Höchste Stufe der Wirklichkeit erfahren!«

Ich suche nur Liebe,
Liebe, die mich
in allen Wesen erkennt
und mir durch sie dient.

Sai Baba

Hingabe und Selbst

Bhakti – Hingabe, Prema – Liebe, Atma – Selbst.

Sai Baba: »Es gibt nur eine Wahrheit. Aber die Weisen geben ihr viele Namen. Die Gesichter der Religionen sind verschieden. Doch der Weg über die Hingabe (Bhakti) ist bei allen derselbe. Es ist der königliche Pfad.«

Im Bhakti-Yoga gibt es keine Unterschiede hinsichtlich Geschlecht, Kaste oder Religionszugehörigkeit. Das 12. Kapitel der Bhagavad-Gita über Bhakti-Yoga ist das wichtigste. Reine Liebe zum Göttlichen ist Bhakti – selbstlos, ewig, rein und beständig. Bhakti ist das Bewußtsein, daß es keine von Gott getrennte Existenz gibt. Bhakti allein ist genug, die höchste Weisheit zu erlangen.«

»Im Bhakti-Yoga verehrt der Bhakta zunächst das Göttliche in Name und Form. Zentimeter für Zentimeter zieht er seinen Geist zurück von der äußeren Welt, um seine innere Wirklichkeit (Atma) zu erfahren. Gott ist überall. Das Universum in und um uns ist das Spielfeld Gottes. Bevor er aber zu dieser Erkenntnis gelangt, muß er Atma zunächst durch Name und Form lieben. Erst dann wird er fähig sein, das Formlose zu erfassen, Selbstverwirklichung zu erlangen: Ohne Blüten kann er keine Früchte ernten und ohne Blüte gibt es auch keinen Reifeprozeß!«

»Die Namen, mit denen wir die Liebe zu Frau, Kindern und Objekten bezeichnen, sind verschieden. Liebe zu Gott wird als Religiosität bezeichnet. Die Liebe aber ist ein und dieselbe. Denn Gott ist reine Liebe, nichts anderes als Liebe.«

»Die wichtigste Lehre, die Bhakti-Yoga uns vermittelt, heißt Liebe zu üben, Liebe zu verwirklichen. Hingabe ist das Mittel, durch das sich unsere Liebe entfalten kann.«

»Leben ist Liebe. Wenn der Mensch keine Liebe hat, hat er kein Leben. Leben und Liebe sind identisch. Sie können nicht getrennt voneinander existieren. Und diese Liebe, diese Lebenskraft ist überall. Sie ist in uns, um uns, mit uns, über uns, unter uns.«

»Zuerst ›Ich‹, dann ›Du‹, ›Ich‹ plus ›Du‹ ist ›Wir‹. Dann kommt ›Wir‹ plus ›Er‹ und dann nur noch ›Er‹. Da ist die Liebe, die Person, die liebt und die Person, die wir lieben. Wenn alles eins wird, entsteht Ananda – Seligkeitsbewußtsein.«

»Das Göttliche kann nur durch das Band der Liebe gebunden werden. Wenn ihr einen Wassertropfen aus dem Ozean auf eurer Zunge oder Handfläche habt, so erscheint er euch sehr klein. Wenn der kleine Wassertropfen in den Ozean zurückfließt, so wird er zu diesem unendlichen Ozean. Ebenso ist es, wenn der kleine Mensch mit göttlicher Kraft vereint wird. Er wird unendlich, groß und mächtig. Der Weg, der zur Verschmelzung des Göttlichen mit dem Menschlichen führt, wird als Bhakti-Yoga, Weg der Hingabe bezeichnet. Und diese Hingabe bewirkt die Transformation des Herzens.

Die Veden erklären, daß Gott das gesamte Universum durchdringt und noch größer ist, daß er alles um Vieles überragt. Auch im Bhakti-Yoga wird gelehrt, daß Gott alldurchdringend ist. Es gibt keinen Ort, der nicht von ihm durchdrungen, an dem er nicht gegenwärtig ist. Er ist die in allen Wesen innewohnende Wirklichkeit.

»Für den Bhakta ist es zunächst unmöglich, eine so große Wahrheit zu erfassen, anzuerkennen. Da er über begrenzte Fähigkeiten verfügt, kann er nur über Bhakti, die Hingabe an seine innerste Wirklichkeit das innere Geheimnis und die durchdringende Wahrheit dieser Welt entdecken. Das Prinzip der Liebe ist als ein anderes Wort für Bhakti zu verstehen. Bhakti entspringt direkt dem Grunde des Herzens.«

»Matreyi, ein Weiser, erklärte einst seiner Frau das Prinzip der Liebe und die eigentliche Bedeutung der unterschiedlichen verwandtschaftlichen Beziehungen des Menschen: Um wessen Willen liebt er mich? Der Ehemann liebt seine Frau nicht um seiner Frau willen. Er liebt sie nur um seiner selbst willen. Eine Mutter liebt ihr Kind nicht um des Kindes willen. Es ist für sie selbst. Es heißt, daß der Guru seinen Schüler liebt. Er liebt ihn aber nicht um des Schülers willen, sondern er liebt ihn um seiner selbst willen. Das ist die innere Wahrheit aller spirituellen Übungen in der Welt.«

»Die Devotees lieben Gott. Sie lieben ihn aber nicht um seinetwillen, sondern um ihrer selbst willen. Die alles durchdringende Wahrheit ist: Gott liebt seine Devotees. Er liebt sie jedoch nicht um seinetwillen, sondern um ihrer selbst willen. Seine Liebe aber unterscheidet nicht zwischen ›mein‹ und ›dein‹. Denn nur dort, wo selbstsüchtige Liebe herrscht, entsteht die Frage von ›mein‹ und ›dein‹.«

»Die Kraft der Liebe Gottes ist unbegrenzt. Wenn ihr Licht in eurem Haus wünscht, stellt ihr eine Kerze auf oder schaltet eine Lampe an. Dennoch ist dieses Licht sehr schwach im Vergleich zu den Strahlen der überall bedingungslos scheinenden Sonne. Dieser grenzenlosen Kraft Gottes kann ein menschliches Wesen mit seinen Begrenzungen sich nur ergeben, um wenigstens einen Tropfen seiner unendlichen Liebe zu erfahren. Das ist Bhakti-Yoga.«

»Am Anfang des Weges ist der Devotee durch Egoismus vom Göttlichen getrennt. Dadurch ist es ihm nicht möglich, Wissen über sein Selbst zu erlangen. Das individuelle Selbst kann noch nicht eins werden mit dem Höheren Selbst, mit Gott. Die Liebe ist noch bedeckt mit der Haut des Ego, die es abzulösen gilt.«

»Bis wir einen Bahnhof erreichen, tragen wir unser Gepäck auf die eine oder andere Weise. Wenn es niemanden gibt, der uns hilft, müssen wir unser Gepäck selbst tragen. Sobald wir den Zug bestiegen haben, können wir unser Gepäck abstellen und uns ausruhen. Der Zug befördert jetzt uns und unser Gepäck. Es bleiben aber immer noch ein paar Unwissende, die im Zug sitzen und ihr Gepäck weiterhin auf dem Kopf tragen. Buddha sagt: Die Lehre ist wie ein Floß, das dich an das andere Ufer hinüberträgt, doch wer wäre so töricht, das Floß auf seine Schultern zu nehmen und auf dem trockenen Land weiterzuschleppen, nur weil es auf dem Wasser nützlich war? Sobald ihr euch dem Göttlichen hingebt, legt ihr alles zu seinen Füßen. Es wird für alles sorgen, was wann und wie zu geschehen hat. Dann sollte es keine Spur von Ego mehr geben, von ›mein‹ oder ›dein‹. Kommt, setzt euch in den Zug. Das Göttliche in euch wird euch weitertragen. Aber befördert nicht auf Grund von Egoismus euer Gepäck weiterhin auf dem Kopf und leidet.«

»Der Bhakta geht den Weg der Hingabe. Mehr und mehr ermöglicht ihm Bhakti, seine sechs Feinde – Egoismus, Zorn, Gier, Haß, Neid und Eifersucht – zu kontrollieren und die Übereinstimmung von Gedanken, Worten und Handlungen zu erreichen. Er erkennt, daß Gott die Liebe ist, die in jedem Herzen wohnt.«

In der Bhagavad-Gita heißt es: »Gott residiert in den Herzen aller Lebewesen. Oh Arjuna, suche und du wirst Ihn da in deinem Herzen finden.«

»Bhakti-Hingabe ist vorhanden, wenn kein Vibhakti mehr da ist. Vibhakti sind die sechs Feinde von Bhakti. Sie bedeuten Trennung, Teilung. Wo keine Trennung mehr ist, da kann es nur Einssein, Verschmelzung mit dem Selbst geben. Der Bhakta hat seinen Willen übergeben. Sein Wille ist Gottes Wille. Seine Worte und Handlungen sind Gottes Worte und Handlungen. Werde zur Flöte, zu einem hohlen Schilfrohr, einer geraden, klaren, reinen

Flöte, und der Herr wird auf dir spielen. Gottes Atem wird dich durchströmen, und die Welt wird zu dieser göttlichen Musik erwachen.«

Bevor wir aber diese Wahrheit nicht erfahren, können wir nicht wirklich lieben. Es ist, als ob wir Salz im Mund haben, und sich jeder süße Saft, den wir trinken, mit dem Salzgeschmack mischt. Wir können die reine Süße des Saftes nicht genießen. Zuerst müssen wir das Salz ausspucken und den Mund gut spülen, bevor wir die Süße schmecken und genießen können. Erst wenn wir uns von Haß, Neid und Eifersucht befreit haben, können wir die reine Süße von Prema (Liebe), Shanti (Frieden) und Ananda (Glückseligkeit) genießen.

»Alle Arten und Formen der Gottesverehrung, alle Rituale werden unwesentlich, sobald wird erkennen, daß Gott in jedem Herzen wohnt. Wir brauchen nur so lange einen Schwimmgürtel, bis wir gelernt haben zu schwimmen. Dann wird er überflüssig. Wenn wir Atma schauen wollen – die wahre Verkörperung der Liebe – so kann das nur durch Liebe allein geschehen. Ist diese Liebe erst einmal entwickelt, bedarf es keiner Praktiken und Rituale mehr.«

»Das Leiden, das man empfindet, wenn man andere leiden sieht, ist Einbildung. Dieses mitfühlende Leiden wird vergeben. Aber das Mitgefühl bleibt. Verströmende, fließende Liebe ist Mitgefühl. Wenn die Liebe auf den Mann, die Frau, die Kinder beschränkt bleibt, ist es ichbezogene Liebe. Liebe gibt und vergibt, Selbstsucht nimmt und vergißt. Liebe ist Verströmen, Selbstsucht ist Habenwollen.«

»Liebe ist der Weg. Beginnt den Tag mit Liebe! Verbringt den Tag mit Liebe! Beendet den Tag mit Liebe! Das ist der Weg zu Atma. Dehnt eure Liebe aus, beschränkt sie nicht, indem ihr sie in selbstsüchtiger Weise mit dem Begriff ›mein‹ verbindet. Übungen wie Konzentration, Kontemplation, Meditation sind die Seife. Ohne Wasser nutzt die Seife nichts. Das Wasser ist die Liebe. Es ist das Wasser, das wichtig ist. Ohne Liebe seid ihr tot, Liebe ist Lieben.«

»Liebe wächst, wenn das Herz sich ausdehnt. Aus einem kleinen, verschlossenen Herzen kann schwer Liebe strömen. Wenn Atma, Liebe im Herzen erfahren wird, dehnt sich das Herz aus. Der Körper ist der Tempel Gottes, das Leben ist der Priester. Die fünf Sinne sind die Gefäße, die für die religiösen Kulthandlungen benutzt werden. Atma ist die Liebe, die im Herzen – auf dem Altar des Tempels – thront. Diese Erfahrung liegt jenseits des Verstandes, jenseits des Willens. Es ist jenes Bewußtsein, wenn der Handelnde mit seinem Handeln und dem Objekt seines Handelns verschmilzt. Diese Verschmelzung kann nicht forciert werden. Sie geschieht natürlich und von selbst, in einem Herzen, das von Liebe erfüllt ist.«

»Mit geschlossenen Augen können wir weder den Mond noch die Sonne wahrnehmen, auch wenn sie in vollkommenem Glanz erstrahlen. Konzentration, Kontemplation und Meditation werden die Augen öffnen, die Sicht klären, so daß wir fähig werden, Atma zu schauen, uns ihm hinzugeben.«

»Liebe kann mit dem Lebensatem der Menschen verglichen werden. Wahrlich, wer auch immer liebt, der liebt sich selbst, er liebt nicht um des anderen willen. Der staubige Weg des Karma führt zu der Straße von Bhakti, und diese führt zur Autobahn von Jnana-Wissen.«

»Bhakti ist die Auslieferung an Gott. Es bedeutet, das ganze Universum als seinen Körper zu erkennen. Der Handelnde, die Handlungen und das Objekt der Handlungen sind eins. Diese Erfahrung kann nicht erzwungen werden. Sie tritt ganz natürlich ein. Der kürzeste Weg ist dieser: Der Name Gottes ist der Samen. Liebe ist das Wasser, das die Frucht wachsen und gedeihen läßt. Disziplin ist der Zaun, der die wachsende Frucht schützt. Das Feld, auf dem die Frucht wächst, ist das Herz. Zur Zeit der Ernte ist die Frucht Glückseligkeit – Ananda.«

»Bhakti-Yoga bedeutet des Eingehen des Individuums in das Göttliche. Drei Stufen sind auf diesem Weg zu beschreiten. Zunächst ist der Bhakta Diener Gottes. Er erfährt sich noch getrennt vom Göttlichen. Auch Jesus ging den Weg der Hingabe. Sein Leben war eine Botschaft. Zuerst war er Diener Gottes. Es ist die Ebene des Dualismus. Der kleine Kreis befindet sich noch außerhalb des großen. Gott und sein Diener sind noch getrennt.«

Jesus als Diener Gottes begibt sich auf den Weg der Hingabe. Er diente Gott in jedem Wesen. Seine göttlichen Eigenschaften, entdeckte er in allen Lebewesen. Auf dieser, der zweiten Stufe, wurde er zum Kind Gottes, zum »Sohn Gottes«. Er ist Teil des Göttlichen mit all seinen Eigenschaften: Wahrheit (Sathya), Rechtschaffenheit (Dharma), Liebe (Prema), Gewaltlosigkeit (Ahimsa), Friede (Shanti). Der kleine Kreis befindet sich jetzt innerhalb des großen Kreises.

»Als ›Eingeborener Sohn Gottes‹ diente er der Welt in menschlicher Form, bis er schließlich nach 17 Jahren erklärt: ›Der Vater und ich sind eins‹. Das ist die dritte Stufe, die Ebene der Einheit, Non-Dualismus. Der kleine Kreis ist zum großen geworden. Es gibt weder klein noch groß. Alle Trennungen sind aufgelöst. Zuerst ›Ich‹, dann ›Du‹. ›Ich‹ plus ›Du‹ ist ›Wir‹. Dann kommt ›Wir‹ plus ›Er‹ und dann nur noch ›Er‹.«

»Der Bhakta wird vom Diener Gottes zum Sohn Gottes und schließlich zu Gott selbst. Er taucht ein und löst sich auf im unendlichen Ozean von Licht und Liebe, von höchstem Frieden, ewiger Glückseligkeit und unendlicher Weisheit.«

Vom Formlosen zur Form
von der Form wieder zum Formlosen
diese Transformation ist Göttlichkeit

Sathya Sai Baba

Form und Formloses

»Es gibt zwei Arten von Wissen. Die eine führt in die Welt, die andere zu Brahman. Das Wissen über Brahman ist das Wichtigste. Mit Hilfe der Wissenschaften allein ist der Mensch unfähig, Glück und Frieden zu finden. Wer sein Selbst aber kennt, wer Brahman geschaut hat, kennt Glück und Frieden. Grammatik-Regeln können euch nicht retten, wenn der Tod kommt. Selbsterkenntnis allein kann ewigen Frieden geben. Das Wissen über das Selbst und das Wissen über das Absolute – Brahman, sind ein und dasselbe. Es ermöglicht, jene grundlegende Wahrheit – die Einheit in der Vielfalt zu erkennen.«

»Weltliches Wissen ermöglicht Schutz und Nahrung in diesem Leben. Brahma-Vidya, das Wissen des Absoluten bringt die Verwirklichung der Absoluten Wahrheit. Alles in dieser Welt kommt aus dem Absoluten. Um nun den menschlichen Bedürfnissen zu entsprechen, geben wir dem Absoluten in der Welt der Erscheinungen Name und Form. Wir erklären: das ist ›mein‹ Bruder, ›meine‹ Schwester, ›mein‹ Körper, ›mein‹ Geist, ›mein‹ Intellekt, ›mein‹ Bewußtsein.«

»Dieses Bewußtsein ist die Lebenskraft – Vitalkraft. Sie ist allesdurchdringend. Sie ist in euch, um euch herum, unter euch, über euch, mit euch. Aber das seid ihr! Es gibt verschiedene Möglichkeiten, die Lebenskraft in der Welt zu erkennen. Wenn wir unseren Geist aber nach innen richten, erkennen wir, daß wir weder das eine, noch das andere – neti, neti – sind. Ich bin nicht der Verstand, ich bin nicht der Körper, ich bin nicht der Intellekt. Wer bin ich? Ich bin Ich.«

»Auf der Suche nach diesem Ich wird überall die Vielfältigkeit sichtbar. Das Formlose ist zu Gott in der Form geworden. Es hat Name und Form angenommen. Denn ohne die Hilfe von Name und Form kann der Mensch das Reich des Form- und Eigenschaftslosen nicht betreten. Ein Mensch, der nach spiritueller Entwicklung strebt, muß zuerst den Aspekt Gottes mit Form und Attributen verehren. Erst wenn er diesem Weg eine Zeit lang gefolgt ist, wird er langsam fähig, sich dem attributlosen Aspekt des Göttlichen zuzuwenden, dieses Prinzip zu erfahren.«

»Manche glauben, es sei möglich, sich der universellen Form Gottes hinzugeben. Aber auch das ist letztlich die Verehrung einer Form. Die universelle Form bezieht sich auf die mentale Ebene.«

»Beide Prinzipien – die Welt der Namen und Formen, sowie die form- und attributlose Ebene des Göttlichen – sind wesentlich. Dieses Prinzip läßt sich mit den zwei Schwingen vergleichen, die ein Vogel zum Fliegen benutzt oder mit den beiden Beinen, die der Mensch zum Gehen zur Verfügung hat. Das Ziel ist mit beiden Flügeln, mit beiden Beinen, mit dem

Prinzip von Name und Form und dem form- und attributlosen Prinzip zu erreichen. Name und Form sind vergänglich, das form- und attributlose Prinzip jedoch beständig: In Prasanthi Nilayam sitzen heute tausend Leute und lauschen einem Vortrag. Dieses Ereignis bezieht sich auf ein bis zwei Stunden. Raum und Zeit sind begrenzt. Dasselbe Erlebnis kann in der Erinnerung zu einer dauerhaften Erfahrung werden. Aber ohne die Erfahrung in Prasanthi Nilayam, auf der Ebene von Zeit, Raum, Name und Form, d. h., in der Welt der Erscheinungen, hätte dieses Erlebnis in eurem Herzen keinen dauerhaften Eindruck hinterlassen.«

»Die Ebene von Namen und Formen, die Welt, die das Produkt des Sehens ist, ist ein Teil der Zeit. Es ist unmöglich, gegen dieses Element ›Zeit‹ anzugehen. Die Zeit wartet auf niemanden. Der Mensch muß der Zeit folgen, denn die Zeit folgt nicht dem Menschen. Sie kann mit etwas Fließendem verglichen werden, das gewaltige Ausmaße hat. Alle lebenden Wesen und alle Menschen werden vom Fluß der Zeit weggeschwemmt. Eine Person, die von dieser Flut weggerissen wurde, kann bei nichts und niemandem Schutz suchen, das oder der selbst weggespült wird. Denn auch dieser Mensch wird vom Strom der Zeit weggerissen, genauso wie das Objekt, bei dem er Schutz gesucht hat. Wer bei jemandem Schutz sucht, der selbst vom Strom der Zeit fortgerissen wird, ist wie ein Blinder, der einem anderen Blinden folgt. In diesem beständigen Fließen der Zeit findet die beständige Veränderung in der Welt der Phänomene statt.«

»Atma ist dem Prinzip der Zeit nicht unterworfen. Es befindet sich jenseits der Einwirkung von Zeit und Raum. Gott beherrscht die Zeit. Der Mensch wird von Zeit beherrscht. Derjenige aber, der die Zeit transzendiert, erfährt Atma.«

»Das Ende all dessen, was geboren wurde, ist der Tod. Es ist Naturgesetz, daß Geburt in Tod endet und daß der Tod zur Geburt führt. Das Abwerfen des Körpers ist, als ob wir aus einem Haus, das wir einige Jahre bewohnt haben, ausziehen. Die Geburt ist wie der Einzug in ein neues Haus. Atma aber wurde nicht geboren. Wie kann es also sterben?«

»Das Selbst – Atma – hat nichts mit Zeit – Geburt oder Tod – zu tun. Es ist ewig, wahr und rein. Es ist das Kind der Unsterblichkeit. Wir werden geboren, damit wir nicht wiedergeboren werden. Wir sterben, damit wir nicht wieder sterben müssen. Das heißt, Unsterblichkeit muß erkannt, erfahren und zurückgenommen werden. Dazu müssen letztlich die Bindungen an Zeit, Raum, Name und Form beseitigt werden. Denn sie sind veränderlich und vergänglich. Sie sind keine reinen Kennzeichen der Seele.«

»Derjenige, der sterblich ist, ist der Mensch. Derjenige, der unsterblich ist, ist Gott. Die Zeit vernichtet den Menschen, Gott aber vernichtet die Zeit.«

»Zuerst wird das Göttliche in der Form erkannt. Dann wird es in der Form überall gesehen. Erst dann kann Gott, da jede Form vergänglich ist, formlos wahrgenommen werden. Das Form- und Zeitlose aber kann nur durch die veränderliche und vergängliche Form wahrgenommen werden. Das Bild Gottes, das mit den Augen wahrgenommen wird, sollte in den Geist und dann in die Seele aufgenommen werden.«

»Gott ist formlos. Der Mensch aber muß das Göttliche mit einer bestimmten Form in Verbindung bringen, um es zunächst verstehen zu können. Daher steht das Prinzip der Form mit Attributen vor dem form- und attributlosen Prinzip. Ohne durch das Prinzip der Form mit Eigenschaften zu gehen, ist es unmöglich, in das Form- und Attributlose einzutauchen. Hier ist ein Kissen. Womit ist es überzogen? Mit einem Stück Stoff. Woraus besteht sein Inhalt? Aus Baumwolle. Ihr würdet sagen, daß der äußere Bezug aus einem Stück Stoff besteht, während sich innen Baumwolle befindet. Beides jedoch ist Baumwolle! Aber die reine, noch formlose Baumwolle hat die Form eines Fadens angenommen. Dieser Faden wurde zu Stoff und dieser Stoff umhüllt nun die Baumwolle, die sich im Kissen als Füllung befindet. Der Stoff ist vergleichbar mit der Ebene der Form, die reine Baumwolle mit der formlosen Ebene. Vom Formlosen zur Form, von der Form wieder zum Formlosen – diese Transformation ist Göttlichkeit. Für unseren menschlichen Bedarf können wir rohe, reine Baumwolle nicht gebrauchen. Daher wandeln wir sie in Stoff um.«

»Solange wir an unseren Körper gebunden sind, müssen wir diesem Prozeß Folge leisten. Solange wir Körperbewußtsein haben, ist es unmöglich, den Aspekt der Form mit seinen Attributen außer acht zu lassen. Der Körper ist der Tempel des form- und attributlosen Aspekts Gottes. Große Weise zu allen Zeiten und überall erkannten, daß das Göttliche als

Licht in allen Körpern und in jedem Individuum wohnt. Diese aus sich selbst leuchtende Flamme, die in unseren Körpern residiert, ist Teil unserer eigenen Form. Die Rishis, die dies erkannt hatten, erklärten daraufhin: O Erdenbewohner! Wir waren in der Lage, das Transzendentale Prinzip zu schauen, welches jenseits der sichtbaren und erschaffenen Welt besteht. Sie beschrieben auch, wo sie Ihn gesucht und gefunden hatten, wo sie Seine strahlende Existenz erkannt und wahrgenommen haben: Weder in der äußeren Welt, noch in der äußeren Atmosphäre – in unserem eigenen Selbst, innerhalb unserer Inneren Sicht, in unserem geheimen Herzen – als Sarira – der Innewohnende.«

»Gott hat schon immer im Körper gewohnt, jenseits des Bereichs menschlicher Unwissenheit. Er durchdringt die fünf Elemente – Erde, Feuer, Wasser, Luft und Äther, aus denen unser Körper zusammengesetzt ist. Daher ist unser Körper kein gewöhnliches Objekt. Er ist der Tempel unserer Göttlichkeit. Er ist unser Triumphwagen, in dem unsere Gottheit wie in einer Prozession durch die Welt gefahren wird.«

»Wir sollten unseren Körper mit dem ihm innewohnenden göttlichen Prinzip als heilig erkennen. Der Körper allein ist träge. Aber das in ihm lebende Prinzip ist voller Bewußtsein. Der Körper kann mit einem Schiff verglichen werden, das mit sehr viel Vorsicht ›gesteuert‹ werden muß, mit dessen Hilfe wir den Ozean weltlicher Existenz – Samsara – sicher überqueren können. Dieser Ozean weltlicher Existenz ist unergründlich, eine Mischung vieler Ge-

gensätzlichkeiten. Sobald wir jedoch das Absolute als eine aus sich selbst strahlende Flamme, die im Herzen jedes menschlichen Wesens wohnt, erkannt haben, befinden wir uns auf der Ebene des form- und attributlosen Prinzip des Göttlichen. Es ist dort, wo die Einheit in der Vielfalt und die Vielfalt in der Einheit existiert, wo es weder gut noch schlecht gibt. Es ist jene Ebene, in der es weder Unterschiede noch Trennungen gibt, in der alles Eins ist.«

»Der Körper ist das Fahrzeug zu dieser Weisheit, zu dieser Universellen Schau. Der Körper ist es, der dich zur Befreiung führt. In diesem Körper ist das unzerstörbare, unbesiegbare Selbst – Atma. Der Körper ist das Fahrzeug für dieses Selbst. Der Mensch kann seine Mission auf Erden erst erkennen, wenn er weiß, daß er göttlich ist, und wenn er alle anderen als göttlich erkennt. Das ist das Ziel allen Lebens: Brahman zu erkennen – Befreiung zu erlangen. Kein zweites Ziel kann es für den Menschen geben.«

»Euer Sein ist Atma, Gott gesehen als das Spezifische; eine Woge des Param-Atma, Gott gesehen als das Allumfassende. Das einzige Ziel dieser menschlichen Existenz ist die Erkenntnis dieser Wirklichkeit, der Beziehung zwischen Welle und Meer. Das Individuelle und das Universelle sind ein und dasselbe. Die Woge ist das Meer. Einswerden ist die Erfüllung: Es bedeutet – Freiheit – Frieden – Liebe – Glückseligkeit, ewige Glückseligkeit. Durch das Einswerden löst sich das Ego auf. Alle Symbole, Zeichen und Begriffe – Name, Form, Raum, Zeit – Kaste, Rasse, Religion, Nationalität, Kirche, Sekte – alle daraus abgeleiteten Rechte und Pflichten schwinden dahin. Für solche Individuen, die sich von den Fesseln der Individualität befreit haben, gibt es nur eine Aufgabe: das Verbreiten der Liebe. In allem ist Liebe, Liebe ist alles.«

Nur das Eine existiert,
nicht zwei.
Wenn man das Zweite sieht,
dann ist Maya im Spiel.

Sathya Sai Baba

Illusion und Erlösung

Maya – Illusion, Zeit; Moksha – Erlösung, Befreiung.

Sai Baba: »Ein großer Vorhang, der eine Trennung zwischen den Menschen und Gott bewirkt, ist die Macht der Täuschung – Maya, Unwissenheit. Es ist die Macht der Verwirrung, die uns das, was unwirklich ist, als wirklich erscheinen läßt und die uns daran hindert, das Wirkliche zu erkennen. Sie ist die verblendende Ur-Illusion, die Welt genannt wird und die den Blick auf Gott verschleiert. Sie ist die Erscheinungsform der Welt, gleichzeitig die Ursache für die Abhängigkeit von ihr.«

»Wir sehen ein Seil und halten es fälschlicherweise für eine Schlange; aber es ist überhaupt keine Schlange. Und doch unterliegen wir der Angst und Spannung durch die Vorstellung, daß da eine Schlange ist, wo es gar keine gibt. Was ist der Grund für diese Angst? Es ist die Täuschung – Maya, sich die Dinge, die in Wahrheit nicht existieren, als existierend vorzustellen. Der Begriff Maya wird mit drei Eigenschaften in Verbindung gebracht: Illusion,

Unwissenheit und Welt. In den Bann der Dinge zu geraten, die nicht wirklich existieren, ist Maya.«

»Manche behaupten: Brahma ist die Wahrheit, die Welt aber ist die Unwahrheit. Dies ist nicht korrekt. Die Welt selbst ist wahr, aber die Auffassung über die Welt ist nicht wahr. Brahma ist die Basis für diese Welt, der Mischung aus Wahrheit und Unwahrheit.«

»Dauerndes Fließen ist die ununterbrochen stattfindende Veränderung der Welt der Phänomene. Das Wasser eines Flusses fließt beständig. Es ist ein fortwährendes Fließen. Veränderung ist ein Fließen. Das ist die Wahrheit, verbunden mit der Unwahrheit. In der Wahrheit ist die Unwahrheit bereits enthalten. In den Veden wird dieser besondere Gegensatz als ›Sath-asath‹ beschrieben – als ›Sein-Nichtsein‹. Hier existieren beide, Wahrheit, sowie, Unwahrheit. Durch Sadhana – geistige Disziplin – wird es möglich, Wahrheit von Unwahrheit zu unterscheiden.«

»Der Berg zeigt euch die Majestät des Göttlichen. Der Ozean erzählt euch von seiner Macht und Würde. Die Pflanzen, die duftenden Blumen und die Früchte, die den wohlschmeckenden, herrlichen Nektar schenken – sie alle offenbaren das Mitgefühl, die Gnade und die Liebe Gottes. Sonne und Mond offenbaren den allmächtigen, allgewaltigen Gott. So spricht die ganze Natur um uns herum von Gott: der Mensch aber, der die innere Bedeutung dessen, was die Natur ihm mitteilen will, nicht versteht, befindet sich auf der Ebene von Unwissenheit – Illusion, Maya.«

»Maya selbst ist eine Reflektion Gottes. Sie ist von ihrer Natur her rein. In ihr spiegelt sich das Göttliche. Nicht Maya ist es, die den Menschen bindet. Unsere eigene Unzulänglichkeit macht, daß Maya verschiedene Qualitäten annimmt.«

»Aus dem Boden wachsen Pflanzen. Was einst ein Setzling war, wächst nun zu einem Baum heran, der Blüten und Früchte trägt. Die Welt der Phänomene, der Erscheinungen – Bäume, Blüten und Früchte, sind nur eine andere Erscheinungsform desselben Bodens. In gleicher Weise webt die Spinne ein Netz aus einem Faden, der seinen Ursprung in ihr selbst hat und an den sie selbst gebunden ist. Woher kommt der Faden für das Spinnennetz? Aus der Spinne selbst. Wer hat das Netz geschaffen? Die Spinne selbst. Wer hat die Spinne daran gebunden? Die Spinne selbst. Was aus Gott geboren wurde, erscheint in so vielen verschiedenen Formen und führt letztlich sich selbst in die Bindung.«

»Das, was aus dem Feuer geboren wurde, entfernt sich von dem Feuer, das es geboren hatte. Woher kommt die Asche? Sie kommt aus dem Feuer. Was ihr seht, ist Feuer und ihr seht die Funken, die aus dem Feuer fliegen. Diese Funken sind jedoch nicht verschieden von dem Feuer selbst.«

»Bindungslosigkeit – Moksha – bedeutet, den vergänglichen Aspekt der Natur eines Objekts zu erkennen, dem Geist nicht zu gestatten, sich an vergängliche Dinge zu binden, das Gefühl von mein, von Besitz aufzugeben. In der Welt der Phänomene unterliegt jede Person und jedes Objekt der Veränderung. Die Welt besteht aus folgenden drei grundlegenden Arten von Veränderung: dem Wachstum, dem Leben, dem Prozeß des Verfalls. Diesen Veränderungen sind Dinge und Objekte primär ausgesetzt. Die Bhagavad Gita lehrt, daß es falsch sei zu glauben, die vergängliche und kurzlebige Welt sei beständig. Ebenso falsch ist es, sich an sie zu binden. Loslösung, Bindungslosigkeit aber bedeutet nicht, alles hinter sich zu lassen, in den Wald zu gehen, das Leben eines Mönches oder Asketen anzunehmen, sondern die besondere Wahrheit zu erkennen, daß diese Welt sich fortwährend verändert.«

»Die Zeit wartet auf niemanden. Der Mensch muß der Zeit folgen. Zeit ist ein ständiges Fließen. Ein wesentlicher Aspekt der Gita ist, daß der Mensch sich der Objekte der Welt bedienen und erfreuen soll, solange er die besondere Wahrheit dahinter erkennt und sich nicht daran bindet. Moksha ist nicht etwa ein klimatisierter Raum. Es hat nichts mit weltlichen Freuden zu tun. Es ist die Zerstörung von Maya, von Täuschungen und Bindungen.«

»Die Göttliche Schau läßt den Geist das Vergängliche nicht mehr sehen. Name, Form und Eigenschaften verschwinden mit der Zeit. Warum sollte man sich mit einer Illusion befassen, die doch vergehen wird? Wäre es nicht besser, Zeit und Aufmerksamkeit der Absoluten Wirklichkeit zu widmen? Schau des Göttlichen bedeutet, die vergänglichen Illusionen zu durchschauen, mit der Realität zu leben. Gott ist die ewige Wirklichkeit, die unveränderliche Grundlage für jede Erscheinung.«

»Moskha ist die Befreiung von Freude und Leid,

die Aufhebung von Geburt und Tod, das Ziel aller spirituellen Übungen.«

»Ihr habt sicher von Menschen gehört, die Moksha – Erlösung – erstreben und erreichen. Viele glauben, es sei dies eine seltene Ehre, die nur Wenigen zuteil wird, das Paradies, eine Kolonie Auserwählter oder eine Ebene, zu der einige heroische Seelen aufsteigen können. Nein, Moksha ist etwas, das alle früher oder später erreichen werden und müssen, ob sie heroisch sind oder nicht. Selbst jene, die das abstreiten, werden es am Ende verwirklichen. Denn jeder strebt jetzt schon danach, wenn er nur Freude und Frieden sucht. Und wer verlangt nicht nach Frieden und Freude? Moksha ist der Zustand von Shanti – ewigem Frieden und Ananda – ewiger Freude. Vergänglicher Freuden überdrüssig, wird der Mensch schließlich das Geheimnis ewigen Friedens und unvergänglicher Freude – Moksha – zu entdecken suchen!«

»Unwissenheit kann nur durch Wissen, Dunkelheit nur durch Licht vertrieben werden. Weder Argumente, noch Drohungen oder Beschwörungen können die Dunkelheit veranlassen, zu weichen. Ein Liebesstrahl genügt, die Dunkelheit zu vertreiben. Das Licht ist bereits in euch. Da es aber von Maya, von verdunkelnden Einflüssen überschattet wird, kann es seine Leuchtkraft nicht voll entfalten. Die Befreiung von der Nacht, die stattfindet, wenn das Licht sich offenbart, ist Moksha. Jeder wird zwangsläufig dorthin geführt, ob er danach strebt oder nicht. Es ist das unvermeidliche Ende aller Anstrengungen, das Ziel, dem sich alle nähern.«

»Das Symbol für Moksha ist Vibhuti, Asche. Reine Asche bleibt für immer und ewig Asche. Vibhuti-Abisheka – rituelle Waschung hat eine gewaltige tiefe Bedeutung. Vibhuti ist der wertvollste Gegenstand, den es vom wirklichen spirituellen Standpunkt aus überhaupt gibt. Shiva vernichtete Kama, den Gott der Begierden. Kama ist derjenige, der den Verstand reizt und die Verwirrung, die in jedem von uns herrscht, noch vergrößert. Shiva verbrannte Kama zu einem Haufen Asche. Daraufhin schmückte er sich mit dieser Asche und er strahlte im Glanz des Sieges über die Begierden. Als Kama vernichtet war, regierte einzig nur noch Prema – Liebe. Wenn Begierden, Illusionen, bzw. Maya nicht mehr vorhanden sind, die den Verstand verwirren und verrückt machen, kann Moksha erreicht werden und Licht und Liebe erstrahlen.«

»Vibhuti, Asche symbolisiert den endgültigen Sieg über die quälenden Begierden, über Tücken, Laster, daraus entstehend Kummer und Leid. Vibhuti-Abisheka reinigt Gedanken, Worte und Taten. Asche ist der endgültige Zustand aller Dinge. Sie kann keine weitere Veränderung mehr erfahren. Sie kann nicht in ein, zwei Tagen verwelken wie Blumen. Sie trocknet auch nicht ein, schwindet nicht, wird nicht schmutzig und untrinkbar wie Wasser. Sie wird nicht nach wenigen Stunden ihre Farbe verlieren wie Blätter. Sie verrottet nicht nach wenigen Tagen wie Früchte. Asche bleibt für immer und ewig Asche.«

»*Du bist das Licht*«

»Das Göttliche muß im Geiste, im Herzen und im Handeln seinen Ausdruck finden – in Gedanken, Worten und Taten.«

»Zuerst bist du im Licht – dann ist das Licht in dir, und schließlich bist du eins mit dem Licht.«

»Du – als Körper, Geist oder Seele – bist nur ein Traum. In Wirklichkeit bist du Sein, Bewußtsein, Freude. Du bist der Gott dieses Universums. Du erschaffst das Universum und nimmst es in dich auf.«

»Das Herz ist es, das das Ziel erreicht. Ein reines Herz begreift mehr als der Verstand. Es wird inspiriert. Tun wir Gutes, so werden wir glücklich. Tun wir Schlechtes, so werden wir unglücklich. Das wahre Glück liegt in dir. In dir selbst ist das gewaltige Meer des Göttlichen Nektars. Suche es in dir selbst, fühle es. Es ist hier– das Selbst.«

»Wenn der Film läuft, seht ihr nicht die Leinwand, sondern nur das Stück, das vorgeführt wird. Ist die Vorführung dann vorüber, seht ihr nur eine Leinwand ohne Aussage über Stimme, Name, Form, Farbe oder Glaube. Das ist Brahman. Im Kino ist die Leinwand durch den Film unsichtbar geworden.«

»In unserem Land gibt es eine besondere Art, Affen zu fangen. Man stellt ein großes Gefäß mit einer engen Öffnung auf und legt für den Affen reizvolle Dinge hinein. Der Affe wird in das Gefäß hineingreifen, um eine Handvoll zu bekommen. Er wird dann nicht mehr in der Lage sein, seine Hand herauszuziehen. Er wird glauben, irgendjemand im Inneren des Gefäßes halte sein Hand fest. Darauf wird er versuchen, mitsamt dem Gefäß zu fliehen. Aber damit ist der Affe gefangen. Niemand hält den Affen fest. Der Affe hat sich selbst gefangen, weil er so viele Dinge in die Hand genommen hat. In dem Moment, wo er die Sachen losläßt, ist er frei.«

»Dem weltlichen Menschen erscheint der Gott-›verseuchte‹ Mensch verrückt, und er verlacht ihn. Aber aus der Sicht des Gott-›Verseuchten‹ erscheint der Weltliche als Geisteskranker, als töricht, irregeführt, blind. Von allen Verrücktheiten, die den Menschen befallen können, ist die Verrücktheit nach Gott die allerharmloseste, die segensreichste.«

»Der Avatar muß in menschlicher Gestalt kommen und unter die Menschen gehen, damit sie ihm zuhören, ihn berühren, lieben und verehren können. Er muß die Sprache der Menschen sprechen und sich verhalten wie sie, wie einer von ihrer Gattung. Wäre es nicht so, würden sie ihn entweder gar nicht beachten oder verleugnen, sich vor ihm fürchten oder ihn meiden.«

»Ihr seid zu einem einzigen Zweck geboren: um zu sterben. Das heißt: um das Ich zu töten. Dann wißt ihr, daß ihr Brahman seid.«

»Ich bin weder Guru noch Gott. Ich bin du, du bist ich – das ist die Wahrheit. Es gibt keine Trennung. Was als solche erscheint, ist Täuschung. Ihr seid die Wellen, ich bin der Ozean. Erkennt das und seid frei, seid göttlich.«

»Das Geheimnis der Befreiung liegt nicht in der mystischen Formel, die einem ins Ohr geflüstert wird. Es liegt darin, das Bekenntnis in die Tat umzusetzen.«

»Ich gehöre nirgendwohin und bin keinem Namen verhaftet. Ich kenne kein mein oder dein. Ich antworte, gleich welchen Namen ihr auch immer benutzt, aus der Tiefe eures Herzens.«

»Die Menschen sind mit einer Vielzahl von charakteristischen Eigenschaften und Geisteshaltungen behaftet und deshalb richtet jeder gemäß seines persönlichen Blickwinkel, spricht und argumentiert im Lichte seiner persönlichen Wesensart.«

»Es ist nicht die Art der Großen, sich aufzublasen, wenn die Menschen sie anbeten und zu schrumpfen, wenn die Menschen sie verhöhnen.«

»Der Körper ist eine Seifenblase, die vergeht. Du bist Atma, das hinter dem Körper verborgen liegt. Du bist ewig.«

»Gefühle kommen und gehen. Schmerz ist eine Stelle zwischen zwei Freuden. Freude ist die Stelle zwischen zwei Schmerzen – vorübergehend und ständig im Wandel. Beides kommt und geht, wie die Wellen des Meeres, wie die Brise. Man sollte ihnen nicht zu viel Aufmerksamkeit schenken. Denkt daran, daß ihr das Unwandelbare, Unendliche, Unsterbliche seid.«

»Wissenschaft ohne Menschlichkeit ist wertlos und gefährlich.«

»Die Schöpfung ist Sein Bühnenstück. Eure Rolle ist Sein Geschenk. Er hat den Text geschrieben. Er hat die Regie, bestimmt die Kostüme und die Dekoration. Er gibt die Gesten vor und die Tonlage, den Auftritt und den Abgang. Er spielt durch euch, ist Darsteller und Zuschauer.«

»Die Einheit muß erlebt und nicht nur als eine Idee erahnt oder als Gedanke gepflegt werden.«

»Schweigen ist die Sprache des spirituell Suchenden. Die Stimme Gottes kann dann in euren Herzen vernommen werden, wenn die Zunge zur Ruhe gekommen ist, der Sturm sich gelegt hat und die Wellen sich beruhigt haben.«

»Es ist keine Frage der Hingabe oder des Schenkens an jemand Fremden. Man gibt sich an sich selbst. Die Erkenntnis, daß man selbst Atma ist, ist Hingabe.«

»Ich suche nur Liebe, Liebe, die mich in allen Wesen erkennt und mir durch sie dient.«

»Setze in die Tat um, wovon du redest. Rede nicht über etwas, was du nicht in die Tat umsetzen kannst.«

»Es ist ein Zeichen von Größe, das zu tun, wovon du sprichst.«

»Es gibt überhaupt keinen Atheisten. Denn selbst diejenigen, die Gott leugnen, lieben jemanden oder etwas, verlangen nach Frieden und Liebe. Diese Liebe ist Gott. Dieser Friede ist Gott.«

»Alle Freude, die ihr euch nur wünschen könnt, ist in euch. Aber ihr leidet wie ein Mann, der große Schätze in einer verschlossenen Kiste hat und nicht weiß, wo der Schlüssel ist. Es ist aber möglich unter richtiger Anleitung in der Stille der Meditation den Schlüssel zu finden, die Kiste zu öffnen und die Fülle der Freude zu genießen.«

»Wickelt die nach innen gerichtete Schau in das Schweigen. Es ist der erste Schritt im meditativem Leben. Bringt die bewegten Gemüter zur Ruhe. Wendet euch nach innen, in den beruhigenden See der Glückseligkeit, der tief im Herzen liegt.«

»Überwindet eure Angst, in dem ihr euren Geist in dem Einen ruhen laßt, denn Angst kann nur entstehen, wo es noch ein Zweites gibt.«

»Gott ist unergründlich. Er kann nicht in der äußeren objektiven Welt erfaßt werden. Er ruht in der Herzenstiefe jedes Wesens. Sucht ihn in den Tiefen eurer selbst, nicht in der quälenden Vielfalt der Außenwelt.«

»Meditation ist das Tal des Friedens, das auf der anderen Seite eines gewaltigen Gebirges mit sechs Gipfeln liegt, die die inneren sechs Feinde genannt werden, welche Begierde, Zorn, Geiz, Abhängigkeit, Stolz und Eifersucht sind.«

»Das Gebet ist der Atem jeder Religion. Es bringt den Menschen mit jedem Atemzug näher zum Göttlichen.«

»Meditation ist das Lauschen auf die Himmlische Musik, auf die Flöte Gottes mit dem inneren Ohr. Yoga ist das Eingehen des Geistes in das Glück des Selbstvergessens, in das Bewußtsein, das mit dieser Musik gefüllt ist.«

»Es ist nicht nötig, Stille zu lernen. Stille ist immer in euch. Ihr müßt nur das, was sie stört, entfernen. Stille ist nicht eine Sache der Entwicklung. Stille ist immer da. Sie ist der ewige Strom reiner Göttlichkeit in euch. Stille ist die einzige Sprache der Verwirklichung. Sie wird in euch Gottes- und Menschenliebe verwirklichen.«

»Die Natur des Menschen ist reine Glückseligkeit, Glückseligkeit, die von der Vergangenheit her in Gegenwart und Zukunft bestehenbleibt.«

»Wer den Palast der Befreiung betreten will, wird den zwei Wächtern Bemühung und Geduld am Eingangstor gegenüberstehen.«

»Moksha ist die Befreiung von der Bindung an das Ego, das Lösen von der Fessel des Verlangens. Es ist der Untergang der Täuschung.«

»Während das Streben nach materiellem Glück zuerst süß und dann bitter ist, ist das Streben nach Ananda der Inneren Glückseligkeit zuerst bitter, dann aber süß.«

»Es gibt wirklich nur zwei ›Ich‹. Eines ist das Ego. Das andere ist der ewige Zeuge. Wenn das Bewußtsein des Zeugen vorhanden ist, wird das Ego nicht mehr stören. Es hat keinen Einfluß mehr.«

»Der Körper des Menschen ist notwendig, weil er in der Lage ist, das unsichtbare Göttliche zu offenbaren.«

»Das Leben auf der Erde findet seinen Ausdruck in der Entwicklung vom Menschlichen zum Göttlichen. Durch die Geburt als Mensch wird der nächste Schritt – die volle Erkenntnis des Göttlichen – möglich. Daher ist das menschliche Leben heilig. Ihm sollte höchste Bedeutung beigemessen werden.«

»Alles Leben kann die Geburt als Mensch anstreben, aber allein durch die Geburt als Mensch kann Gott erkannt werden. Zeit zu vergeuden, ist die größte Torheit. Das Individuum existiert hier und jetzt. Hier und jetzt ist die Gelegenheit gegeben, das letzte absolute Ziel zu verwirklichen.«

»Vom Standpunkt des Göttlichen gibt es weder gut noch schlecht – alles ist göttlich. In der Vorstellung der Menschen ist dieses gut und jenes schlecht, dieses richtig und jenes falsch. Es ist das Denken, das dazu erzogen werden muß, in jedem Menschen und auch in jeder Schwierigkeit das Göttliche zu sehen.«

»Ein toter Hund liegt am Straßenrand. Die Krähen hacken an ihm herum. Menschen gehen vorbei und sagen: ›Was für ein scheußlicher Anblick und welch fürchterlicher Gestank‹. Jesus kam vorbei. Er sagte:

›Was für wunderbare Zähne der Hund hat, so weiß und glänzend. Niemand hat sie geputzt oder sich darum gekümmert, und trotzdem sind sie so schön geblieben.‹«

»Ein Messer wird sowohl von einem Chirurgen, als auch von einem Verbrecher benutzt. Der Schnitt des Chirurgen bringt dem Menschen Heilung, während der Verbrecher das Messer mißbraucht. Der Fleischer benutzt das Messer, um Fleisch zu schneiden, während die Hausfrau damit Fruchtsalat bereitet. Wenn alle diese Messer in einen Kreis mit einem Magneten in der Mitte angeordnet werden, dann werden alle in gleicher Weise von dem Magneten angezogen. Gut oder schlecht ist keine Eigenschaft der Messer. Gott ist der Magnet. Und alle Menschen werden von ihm angezogen. Gut oder schlecht sind Bestandteil der Natur des Menschen. Sie sind das Ergebnis dessen, wie er seine geistigen Fähigkeiten benutzt. Diese Einstellung – in allem das Göttliche zu erkennen – ist das Ziel aller Geistigen Übungen.«

»Verehrt Gott als den, der im Bild ist – und nicht das Bild als Gott.«

»Er ist der Anfang, die Mitte und das Ende … die Grundlage, die Substanz und der Ursprung.«

»Gott teilt weder Belobigungen noch Strafen aus. Er spiegelt nur etwas wider, hallt zurück, reagiert. Er ist der ewige, unbeteiligte Zeuge. Ihr selbst bestimmt euer Schicksal. Dankt nicht Gott, beschuldigt nicht Gott. Dankt euch selbst, beschuldigt euch selbst.«

»Die Lotusblüte wurzelt tief im Schlamm, wächst aber dem Licht entgegen. Ohne Wasser würde sie sterben, aber sie bleibt unberührt von Wasser und Schlamm.«

»Nur wenn sich der meditative Zustand den ganzen Tag über von selbst einstellt, kann man von Meditation sprechen.«

»Maya ist jenes Gewand Gottes, das seine Schönheit, seine Majestät sowohl verbirgt als auch offenbart. Mein Gewand, das ich durch meinen Willen schuf, wurde zu Äther und Raum. Daraus folgten das Luft-, Feuer-, Wasser- und Erd-Element. Die Erde brachte die Nahrung hervor. Die Nahrung entwikkelte sich zu Körper. So entstanden alle Tiere und die Menschheit. Alles dieses ging aus mir hervor. Alles dieses besteht in mir. Ich bin aber von allem diesem nicht abhängig. Ich bin unberührt und wahrhaftig, ewig, unveränderlich und rein.«

»Ich bin die Wahrheit der Wahrheiten, die Wahrheit in allen Wahrheiten. Laßt mich euch sagen, was meine bezeichnendste und wichtigste Kraft ist. Es ist meine Liebe. Ich mag den Himmel in die Erde verkehren oder die Erde in den Himmel, aber das ist nicht das Kennzeichen wirklicher Macht. Liebe – allgegenwärtige Liebe, alles umfassende Liebe ist das einzige Kennzeichen. Ich bin ewige Glückseligkeit, einzig ewige Glückseligkeit. Ich bin Weisheit, Glückseligkeit, Frieden. Das ist meine Natur.«

»Gott ist die ewige Wirklichkeit. Er ist die umwandelbare Basis aller Erscheinungen. Gott ist jenseits der drei Gunas. Daher ist es nicht möglich zu sagen – Gott ist dieses oder jenes. Und doch sind alle Namen seine Namen, alle Formen seine Formen. Auch eure Namen gehören ihm. Ihr seid seine Formen. Der Inhalt aller Formen ist die Liebe.«

»Gott ist der elektrische Strom. Das Herz ist die Glühbirne. Die Drähte sind die Disziplin. Der Schalter ist die Intelligenz und der Akt des Einschaltens ist die Meditation, das Gebet.«

»Das Licht, das Gott repräsentiert, ist in jeder Form dasselbe. Wenn ihr also einem anderen schadet, dann schadet ihr dem gleichen Licht, das ihr selbst seid.«

»Denkt Gott, seht Gott, hört Gott, eßt Gott, trinkt Gott, liebt Gott! Das ist der leichte Weg, die königliche Straße zu eurem Ziel, die Unwissenheit zu überwinden und eure wahre Natur zu erkennen.«

»Wer mir wirklich nahekommt, gibt die Vorstellung von Form auf.«

»Es ist nicht nötig, nach der Wahrheit zu suchen. Sie ist überall zu jeder Zeit.«

»›Koham‹ – wer bin ich – ist der Schrei des neugeborenen Kindes. Nach einem Leben spiritueller Disziplin verwandelt sich ›Koham‹ zu ›Soham‹ – ich bin Gott.«

»Shakti ist die Aktivität in jedem Atom, in jeder Zelle, in jedem Stern, in der Milchstraße. Sie bewegt Planeten und Universen.«

»Der kürzeste Weg ist dieser: Der Name Gottes ist der Same. Liebe ist das Wasser, das die Feldfrucht wachsen läßt. Disziplin ist der Zaun, der die wachsende Frucht schützt. Das Feld, auf dem die Früchte wachsen, ist das Herz. Zur Zeit der Ernte ist die Frucht Glückseligkeit.«

»Ich bin die Vergangenheit, die Gegenwart und die Zukunft. Ich bin das Uranfängliche, neu in jeder Minute der Vergangenheit und Gegenwart. Ich bin die drei Sphären und die drei Gunas, die den Menschen und die Natur gestaltet haben. Es gibt keinen Gegenstand, der nicht ich wäre, keinen Namen, der nicht der meine wäre. Alles ist in mir zu einem Blütenkranz zusammengeflochten, die fünf Elemente – Erde, Wasser, Feuer, Luft, Äther – Gemüt, Intelligenz und das Ego.«

»Zwischen mir und diesem Universum bewegt sich Maya, die die Täuschung genannt wird. Es ist tatsächlich eine harte Aufgabe für den Menschen, über die Maya hinauszusehen. Denn auch Maya ist mein. Sie ist von der gleichen Wesenheit. Du kannst sie dir nicht getrennt von mir denken. Sie ist meine Schöpfung und unter meiner Herrschaft. Nur jene, die von ganzem Herzen nach mir rufen, können meine Maya besiegen. Maya ist die Ursache dieser gesamten Schöpfung. Aber sie ist nicht die Entstehungsursache Gottes.«

Lichtmeditation

»Für den Übenden ist es anfangs schwer, sich auf das Formlose zu konzentrieren. Das Objekt seiner Konzentration kann ein Laut, ein Name, eine Form, der Atem oder z. B. eine Flamme sein.

Es gibt drei Stadien der Übung: Konzentration, Kontemplation, Meditation. Wenn die Kontemplation sich vertieft, führt sie ganz natürlich zur Meditation. Konzentration findet unterhalb der Sinne statt. Meditation ist völlig jenseits der Sinne, während Kontemplation dazwischen liegt. Sie ist teilweise innerhalb und teilweise oberhalb der Sinne. Im Stadium der Kontemplation wird der Körper völlig vergessen. Dieser Zustand kann nicht erzwungen werden, sondern geschieht ganz von selbst. Das gewählte Objekt – Name, Form, Ton, Atem oder Licht – ist nur ein Instrument, das dazu verhilft, tief in die Stille einzutauchen und den Körper, der nicht das Selbst ist, aus dem Bewußtsein fallenzulassen. Im Meditationszustand fallen das Objekt der Meditation und der Prozeß des Meditierens weg. Es bleibt nur Eins und das Eine ist Gott. Alles, was veränderlich ist, löst sich auf. Was bleibt ist – tat twam asi.

Wenn ihr meditiert, dann konzentriert euch auf die Form eurer Wahl, geht über zur Kontemplation und schießlich zur Meditation. Nur über diese drei Stufen werdet ihr das Ziel erreichen. Zuerst sind da drei Dinge: der Meditierende, die erwählte Form und der Vorgang des Meditierens. Wenn diese drei verschmelzen und eines werden, dann ist der Zustand der Meditation erreicht. Wenn ihr euch aber ständig bewußt seid, daß ihr meditiert, dann kann das nicht Meditation genannt werden. Du bist das Licht. Das gleiche Licht leuchtet in anderen. Das Körperbewußtsein fällt ab, und was bleibt, ist die Erfahrung von Licht. Das ist Moksha, Prema, Ananda.

Es gibt zwei Arten von Wissen. Die eine führt in die Welt, die andere zu Brahman. Das, was wir mit den Sinnen wahrnehmen können, was unser Denken, Fühlen und Handeln erfüllt, ist weltliches Wissen. Das Wissen aber über Brahman ist das Wissen um die universale, unwandelbare Wahrheit. Brahman ist das, was sich nicht ändert, der Ursprung all dessen, was dem Wandel unterliegt.

Alles andere ist unwirklich, fließend, dem Augenblick gehörend. Atma kennt keinen Anfang und kein Ende. Es wohnt im Körper, dem Körper, der sich von Sekunde zu Sekunde ändert. Um über die Begrenzungen des Körpers und über die Dinge, die wir mit seiner Hilfe tun können, hinauszugelangen, müssen wir ihn transzendieren. Dann erfahren wir Atma, das uns innewohnende Prinzip. Wir sind weder der Körper, noch die Gedanken und Gefühle. Wir sind weder der Verstand, noch die Sinne. Wir sind Atma. Atma hat keine Form. Es ist das formbelebende Prinzip. Nehmen wir das Beispiel einer Lampe: Sie gibt Licht. Die Lampe hat ohne Zweifel eine Form; aber das Licht selbst hat keine. Das Licht jedoch braucht die Lampe, damit der Mensch sehen kann. Das Licht ist Atma – formlos.

Meditation über das Licht ist echte Meditation. Licht ist formlos, ewig, göttlich. Es ist ein ungefährlicher, sicherer Weg. Warum Licht? Wenn man Sand von einem Haufen nimmt, wird dieser kleiner. Wenn jeder Wasser aus einem Behälter nimmt, ist dieser am Ende leer. Aber Tausende von Menschen können ihre Kerze an der Flamme einer Kerze entzünden. Die Flamme jedoch verliert nichts von ihrem Glanz. Entzünde eine Lampe oder eine Kerze, schau direkt in die Flamme, dann nimm das Licht – Jyothi – in dein Herz. Dort siehst du es inmitten der Blütenblätter des Herzens. Beobachte, wie die Blätter des Herzens sich entfalten und wie das Herz von der Flamme erhellt wird. Bringe die Flamme zu den Händen, daß diese nicht mehr falsch handeln können. Führe sie dann in gleicher Weise zu Augen und Ohren, daß diese mehr helle und reine Eindrücke aufnehmen. Anschließend laß das Licht zu Freunden, Verwandten und Feinden ausstrahlen, zu Tieren, zu allen anderen Objekten, bis alles in dasselbe Licht getaucht ist.

Christus sagt: Alle sind Eins! Begegne jedem in gleicher Weise. Strahle dein Licht auf die ganze Welt, auf die gesamte Menschheit. Hülle alle Lebewesen in dieses Licht der Liebe. Dehne es aus bis an die Grenzen des Universums und darüber hinaus. Erkenne alles als Licht und Liebe. Auf diese Weise wirst du nicht mehr auf deinen Körper beschränkt sein. Du bist im gesamten Universum. Die Welt, die jetzt so groß ist, wird dir ganz klein erscheinen. Wenn du alles als Eines erkennst, bist du in den Zustand der Meditation getaucht. Gott ist Licht. Sich über das Selbst hinaus auszudehnen und zu erkennen, daß das eigene Licht das Licht des Universums ist, das ist Ananda.

Zuerst bist du im Licht, dann ist das Licht in dir, und schließlich bist du das Licht, und das Licht ist überall. Genieße dieses Gefühl von Licht, Liebe und Glückseligkeit eine Zeitlang und bringe dann das Licht zurück in dein Herz, bewahre es dort den ganzen Tag. Die Form Gottes kann auch einbezogen werden: Krishna, Rama, Jesus, eine Lotusblüte – je nach deiner Wahl. Wohin die Flamme auch getragen wird, die von dir gewählte Form Gottes kann in ihrem Zentrum gesehen werden, und dann ist Gott immer und überall bei dir.

Meditation ist ein Prozeß, der den ganzen Tag lang andauert. Die Flamme wird zuerst zum Herzen bewegt, das man sich als Lotusblume vorstellt, deren Blütenblätter sich langsam öffnen. Von dort wird das Licht zu anderen Teilen des Körpers bewegt, was nicht in einer bestimmten Reihenfolge geschehen muß. Wichtig ist nur, daß die Endstation der Kopf ist. Dort wird das Licht zur Krone.

Dann bewegst du dein Licht nach außen – vom Einzelnen zum Universalen. Bring das Licht in die Herzen deiner Verwandten, Freunde und Feinde, in Bäume, Vögel und alle Lebewesen, die du dir vorstellen kannst, daß die ganze Welt in all ihren Formen dasselbe Licht in ihrem Zentrum hat, das du zuvor in dir selbst gesehen hast. So wird das Licht universell, was bedeutet, daß das gleiche göttliche Licht in jedem von uns und überall gegenwärtig ist.

Um diese Universalität dem Bewußtsein einzuprägen, praktizieren wir das Ausbreiten des Lichtes außerhalb unseres eigenen Körpers. Wenn du allmählich wieder zu deinem gewohnten Bewußtseinszustand zurückkehrst, wird das Jyothi – das Licht – wieder in dein Herz gebracht, wo es den ganzen Tag über weiterbrennt.

Samadhi ist jener Zustand, in dem die Welt, das Denken und Fühlen nicht mehr existieren, nur das Selbst – Atma. Wer in das Göttliche Glückseligkeitsbewußtsein (Ananda) eingeht, tauscht sein begrenztes Bewußtsein gegen das Totalbewußtsein Gottes ein. Es gibt 10 Stufen im Sandhana, die durch verschiedene Töne gekennzeichnet sind. Sie reichen vom reinen Ton über Vibrationen zu den Tönen von Glocken, Flöten, Muscheln, Om, Donner und Explosion. Die zehnte Stufe ist reine Form. Dann sind die Sinne transzendiert. Jenseits der Sinne befindet sich die Ebene reiner Glückseligkeit, die Ebene des universalen Gottes, des Lichtes und der reinen Liebe.

Solange der Mensch diesen wunschlosen Zustand nicht verwirklicht hat, wird er ununterbrochen das Verlangen, die Sehnsucht danach verspüren. Er mag vorübergehendes Glück empfinden, Freude, die kommt und geht, Liebe, die vergänglich ist, Freude als Zwischenraum zwischen zwei Kümmernissen. Erst wenn Ananda, transzendentale Glückseligkeit erreicht ist, hört das Verlangen auf, ist die Sehnsucht gestillt. Denn Ananda ist unsere Natur. Ananda ist nicht vergänglich. Es ist nicht etwas, das zu einem kommt. Es ist des Menschen wirkliche Natur und daher dauerhaft.«

»Der Mensch wird durch die Zwillingskräfte der Gnade von außen und der Sehnsucht von innen in die vollkommene Süße von Glückseligkeit und Liebe hineinwachsen.«